圖說史記

（西汉）司马迁 著

强尚龙 冯增录 郭枫义 编译

西安交通大学出版社
XIAN JIAOTONG UNIVERSITY PRESS

十二本纪

图书在版编目(CIP)数据

图说史记・十二本纪/强尚龙,冯增录,郭枫义编译. —西安:西安
交通大学出版社,2015.8(2016.12重印)
ISBN 978 - 7 - 5605 - 7705 - 0

Ⅰ.①图… Ⅱ.①强… ②冯… ③郭… Ⅲ. ①中国历史-古代史-
纪传体-通俗读物 Ⅳ. ①K204.2 - 49

中国版本图书馆 CIP 数据核字(2015)第 181329 号

书　　名	图说史记・十二本纪
编　　译	强尚龙　冯增录　郭枫义
责任编辑	郭　　剑

出版发行	西安交通大学出版社
	(西安市兴庆南路 10 号　邮政编码 710049)
网　　址	http://www.xjtupress.com
电　　话	(029)82668357　82667874(发行中心)
	(029)82668315(总编办)
传　　真	(029)82668280
印　　刷	陕西丰源印务有限公司

开　　本	700mm×1000mm　1/16　印张 18　字数 234 千字
版次印次	2015 年 8 月第 1 版　2016 年 12 月第 3 次印刷
书　　号	ISBN 978 - 7 - 5605 - 7705 - 0/K・121
定　　价	36.80 元

序言

史苑奇葩——《图说史记》丛书含苞欲放。在该书付梓前夕，歌民、歌文先生约我为该书作序。细细品读，我悟出八个字：功莫大焉，可喜可贺！

西汉王朝是继秦王朝之后在中华大地上建立的又一个中央集权的大一统国家。"汉承秦制"，却吸取了秦王朝"仁义不施"的教训，采取无为而治和与民生息的政策，从而出现了中国封建社会少有的"文景之治"和"汉武盛世"。经济的发展、国力的雄厚、疆域的开拓、社会的稳定，以及各民族文化的交流融合，为东方巨人的崛起创造了条件。中华民族第一次文化高潮以空前磅礴的气势奔腾而至。历史要求对黄帝以来的数千年文化进行总结，而适时肩负起这一伟大历史使命的就是世界文化巨人司马迁；对黄帝以来三千年历史文化作出全面总结的，便是太史公倾毕生之心血凝成的鸿篇巨制《史记》。

《史记》是我国第一部纪传体通史，为"二十四史"之首，它囊括了政治、经济、军事、法律、教育、宗教、学术、科技、民族、历史、文学、美学、天文、地理、人才、伦理、道德、社会、民俗和医学等各个方面的内容。《史记》在中华传统文化国学精品中是无以伦比的百科全书。中国人，不能不读《史记》。

《史记》中的本纪、世家、列传都以人物为中心展开历史画卷，从而塑造了许许多多既具有时代特征，又具有鲜明个性的人物形象，开创了我国纪传体史书的先河，其选材、剪裁和人物形象塑造、心理描写、性格表现等手法、技巧，对后世历史、传记、小说、戏剧乃至叙事诗歌的创作都具有深远的影响。

《十二本纪》仿效《春秋》按年月记大事的体制，以历代帝王为历史事件的中心人物，当然也包括司马迁心目中扭转乾坤的盖世英雄。它记述历代帝王的兴替及其重大的政治事件，并以其前后继承关系显示历史的发展，作为全书的总纲，用以统帅整个历史的论述，形成了华夏民族统一的思想观念和基本意识，对华夏一统思想的形成奠定了基石。

《三十世家》记述了西周和春秋战国以来主要诸侯国以及西汉所封诸侯、勋贵的历史,可以认为是纪、传结合的国别史。当然其中也记载了司马迁认为应该与公侯相提并论的特别重要的人物史迹。司马迁以公侯为中心编年纪事,既是对《十二本纪》内容的承接,又是对历史社会更深入的剖析,展示出了一幅更为宏阔、更为生动、更为深入的历史画面。

《七十列传》除《匈奴列传》、《大宛列传》、《西南夷列传》、《南越列传》、《东越列传》、《朝鲜列传》等记叙当时中国境内非汉族君长和外国君长统治的历史外,其他人物记述得非常广泛,包括贵族、官吏、学者、政治家、军事家、文学家、刺客、游侠、商人等不同阶层、不同职业的各种人物。在记述中,他偏重于个体人物人生得失的探究,表现出不同层面、不同性格的人物以及各自不同的命运,道理发人深省,令人感叹不已。《七十列传》的文笔挥洒自如,写法不拘一格,语言辩而不华,质而不俚,成为后世文学的典范。

《史记》的语言生动传神,简洁流畅,甚至有许多陕西省关中地区方言口语化的特点。历史上每当繁缛、怪癖、艰涩的文风出现时,杰出的文学家便以《史记》为典范提倡新文风,韩愈、柳宗元以复古为革新的古文运动,便是有名的例证。然而,时隔两千多年,祖国语言已经发生了很大的变化,不仅中等文化程度的广大读者通读《史记》原文会感到困难,即使是古代史专业和古代文学、古汉语专业以外的各种专业学者要研究《史记》,也难免遇到文字障碍。有鉴于此,姚歌民、冯巧丽、姚歌文、冯晓薇诸君组织强尚龙、冯增录、郭枫义等先生会同西安交通大学城市学院艺术系多位老师合作编著了这套《图说史记》丛书,陕西盛星皓月文化传播有限公司董事长雷建强先生为本书的编辑出版提供了全方位的帮助。丛书将文言文全部翻译成白话文,并精心搭配了4000多幅生动的手绘插图,对难认、难解的字词作了注音,为一般读者扫除了阅读障碍。丛书以创新的形式,全方位、新视角、多层面地向读者呈现了这部中华历史经典,全景式再现了华夏三千年恢弘的历史画卷。这为帮助广大读者,尤其是青少年朋友更好地理解原著提供了便利条件,尤其是"图说"给读者带来了身临其境的阅读体验和感同身受的时空遨游。

我郑重地把《图说史记》丛书推荐给大家,它确实值得一读。还是我前边的话,歌民诸君的辛勤劳作功莫大焉、可喜可贺!

薛引生
(中国史记研究会常务理事)

专家推荐

在中国传统文化国学精品中，惟有《史记》是无以伦比的"百科全书"，它有取之不尽的思想源泉，养育着一代又一代人。这一特殊的历史价值与地位，使《史记》成为中国学人的根柢书。司马迁的思想、精神、人格对中国知识阶层，对中华民族产生了不可估量的影响，以至于不研究司马迁和《史记》，就有中国文化从何谈起之感。《史记》又融文、史、哲、经于一炉，成为各个学科的研究对象。中国自 20 世纪 80 年代改革开放以来，学术界发表《史记》论文 2000 余篇，出版《史记》论著约 150 余部，作者达 1200 余人，可以说是《史记》研究的黄金时代。余平生致力于《史记》研究，积渐已达 50 余年，躬逢盛世，其乐无比，其中甘苦，每体味三生。研读《史记》看似容易，深入实难。司马迁早有警言："非好学深思，心知其意，固难为浅见寡闻道也。"（《史记·五帝本纪》）余观《史记》研习者中，涉猎者多，专精者少，有突破性建树者更鲜也。总之，非好学深思，并持之以恒者，是难以有成的。

——张大可（中国史记研究会会长、教授）

伟大的历史学家司马迁的《史记》是一部以五十二万字高度浓缩的三千多年中国历史的史卷，同时也是一部大数据史书。这部书里不仅浓缩了中国人的历史和文化，同时也是一部启发全人类智慧、培养无尽的洞察力的一部好书，是一本历史文化经典史书。

——金瑛洙（韩国灵山圆佛教大学校教授、韩国司马迁学会创立人）

《史记》是文、史、哲合一的著作，其中蕴藏先民和司马迁极为丰富的智慧结晶。各人尽可以有个别不同的领会，各自受用无穷。

——李伟泰（台湾大学教授、文学博士）

古人说"以史为鉴",现代人说"读史使人聪明"。《史记》是中国史学的宝典,司马迁透过人物的塑造,呈现历史的真实,呈现多元的政治、社会图像,更呈现人物的典型性与历史的普遍性,有助于后人从历史中汲取智慧。

《图说史记》丛书深入浅出,生动地传达了司马迁的历史书写与历史智慧,文不甚深,言不甚浅,读之益人神智,值得推荐给所有人,引领读者进入司马迁由睿智的历史观察呈现的博大深刻的历史世界。

——林聪舜(台湾师范大学博士、台湾清华大学中国

文学系教授兼系主任、美国普林斯顿大学访问学者)

本书在编写上既严肃认真,又不失生动活泼,企图引领读者于轻松惬意的阅读中获取历史知识,在笔法上力求短小精悍、生动幽默。本书以浅显易懂的文字,活泼、灵妙的图画相配合,使《史记》的人物事迹跃然纸上,为广大读者提供了一种新的阅读《史记》的方式,更为学术的普及化注入一股源头活水。

——刘锦源(台湾清华大学博士、马偕学校

财团法人、马偕医护管理专科学校教授)

目　录

五帝本纪第一
人物像

黄帝

颛顼

帝喾

尧

舜

五帝本纪第一

黄帝是少典部族人，姓公孙，名轩辕。轩辕一生下来就很有灵性，出生不久就会说话，幼年时聪敏机灵，长大后勤奋敦厚，成年后见闻广博，多谋善断。

轩辕之时，神农氏主宰的时代已经衰落，各部落之间相互攻伐，残害生灵，但神农氏没有力量制止和征讨他们。轩辕于是就经常带领部队去征讨那些不顺从的诸侯，各诸侯才得以顺从。

那时蚩尤最为凶残，一时还难以攻伐。炎帝也凭着自己的实力不断欺凌、攻伐周围的部落。他们各自为政，与黄帝鼎力，各部落纷纷投靠轩辕寻求保护。

轩辕研究四时节气变化指导生产，丈量划分土地种植五谷，让人们安居乐业。他整顿军旅，训练熊、罴、貔（pí）、貅（xiū）、貙（chū）、虎等猛兽跟炎帝在阪泉郊外决战。经过三次大的战争，最终打败了炎帝，炎黄部落得以统一。

　　蚩尤违逆轩辕之命发动叛乱，轩辕就统领各诸侯去征讨他。轩辕在涿鹿郊野与蚩尤展开大战，擒获并杀死了蚩尤，天下大局终于稳定。这时诸侯们都拥戴轩辕做天子，轩辕取代了神农氏称帝。

　　为了全面稳定社稷，轩辕黄帝带着军队在全国巡检，征讨那些不顺从的诸侯。他东到东海，登上了丸山和泰山；西到崆峒，登上了鸡头山；南到长江，登上了熊山、湘山。黄帝在北方驱逐了匈奴部族后，在釜山召集各诸侯合验符契，明确了从属关系，天

下从此统一。黄帝在涿鹿建起了都城，但他并不在此定居。他一生征战，居无定所，带兵走在哪里，就在那里居住。

黄帝牢牢把控着军队，建立了自己的政权管理体系。他的军队号称云师，官职都用云来命名；他设置了左右大监，专门督察各诸侯国的事务，诸侯各国得到了安定；他遍封山川鬼神，人们的思想意识得到了统一；他制作祭天宝鼎，观测太阳运行，用蓍（shī）草推算历法，预知节气日辰变化，使人们能够准确把握时令；他任用风后、力牧、常先、大鸿等人治理民众，民众和睦相处。

黄帝顺应天地四时运行规律推演阴阳变化，讲求生死道理，论述存亡关系；教人们按季节播种五谷百草，驯养鸟兽蚕虫；让人们有节度地使用水、火、木材等资源，保证了人们的长远生计。他的美德像黄土一样厚重，属

土德之瑞，所以人们称他为黄帝。

黄帝有二十五个儿子，其中建立姓氏的有十四个。黄帝居住在轩辕山时娶了西陵国的女子为妻，她就是嫘祖。嫘祖是黄帝的正妃，生有两个儿子，即玄嚣和昌意。玄嚣和昌意的后代都曾领有天下。当时玄嚣（即青阳）被封为诸侯，居住在江水；昌意被封为诸侯居住在若水。昌意娶了蜀山氏的女儿昌仆，昌仆生下高阳。

黄帝去世后葬在了桥山，此后高阳即帝位，高阳就是颛顼（zhuān xū）帝。颛顼帝沉稳而有智谋，豁达而知事理，他总结研究四时节气变化规律，指导民众因地制宜种植作物。他制定祭祀礼仪，用神灵教化万民。那时，北到幽陵，南到交阯，西到流沙，东到蟠木的广阔地域都得到了教化。

颛顼帝死后，他的儿子穷蝉没有继位，他的侄子，即玄嚣的孙子高辛继位，高辛就是帝喾（kù）。高辛很有灵气，据说他一出生就能叫出自己的名字。高辛广施恩惠于众而不顾及自身，他聪以知远，明以察微，顺天行事，深知民众之所急。他仁而有威，惠而有信，自身修养达到了极致。

帝喾让民众节俭使用财物,通过生产劳动获得财物,使民众得到了教化。他亲自观测天象指导生产,分辨鬼神进行祭祀,使人们的思想意识得到了进一步的统一。帝喾衣着简朴,举止得当,道德高尚,忧国忧民,他像雨水滋润万物一样按时令普施恩惠,凡是日月照耀的地方,风雨所到的地方,人们都顺从帝喾。

帝喾娶陈锋氏的女儿为妻生下放勋。娶娵訾(jū zī)氏的女儿为妻生下挚。帝喾死后,挚继位,但挚执政乏善可陈。此后,放勋继位,放勋就是帝尧。帝尧仁德如天,智慧如神,像太阳一样温暖人心,像云彩一样让人舒心。

帝尧富有却不骄傲,尊贵却不放纵,他戴着黄色的帽子,穿着黑色的衣裳,坐着白马驾着朱红色的车子，看上去十分潇洒。他能尊敬有善德的人，使九族相亲，制定法规让民众遵循，民众都得到了教化，诸侯都和睦相处。

帝尧命令羲氏、和氏制定历法，教给民众生产节令。他命令羲仲居住在郁夷，在旸（yáng）谷观察日出规律，确定春分时日。春分日白昼与黑夜一样长，朱雀七宿（xiù）初昏时出现在正南方。这时民众分散劳作，鸟兽开始交尾生育。

帝尧命令羲叔住在南交观测天象，安排夏季的农活。夏至日时白昼最长，苍龙七宿中的心宿初昏时出现在正南方，据此确定仲夏节令。这时民众就居高处，鸟兽羽毛稀疏。

帝尧命令和仲居住在西土，在昧谷观察日落规律，指导人们有步骤地安排秋收。秋分日，黑夜与白昼一样长，玄武七宿中的虚宿初昏时出现在正南方，据此来确定仲秋时节。这时候民众移居平地，鸟兽再生新毛。

帝尧命令和叔住在北方，在幽都观测天象，安排收获物的冬季储藏管理。冬至日，白昼最短，白虎七宿中的卯宿初昏时出现在正南方，据此确定仲冬节令。这时候,民众进屋取暖,鸟兽长满细毛。那时,一年设三百六十六天,四季误差用闰月校正。

帝尧整治百官,百官恪尽职守,百业兴旺昌盛。帝尧让大家推荐他的继承人,放齐认为帝尧的儿子丹朱豁达聪敏,可以继承王位,尧却认为丹朱凶顽残暴不可用。尧又让大家推荐,驩兜说:"共工能团结民众,做出了业绩,可以任用。"尧说:"共工花言巧语,用心不正,貌似恭敬,实则瞒天过海,也不能用。"

尧又问四岳:"如今洪水滔滔,包围了高山,浸没了丘陵,民众十分愁苦,谁能够治理洪水?"大家都说鲧可以。尧说:"鲧违背天命,毁败善类,恐怕不行吧。"四岳却说:"就任用他吧,如果不行再把他换掉。"尧听从四岳的建议任用了鲧,鲧治水九年果然没有成效。

尧后来又问："我在位已经七十年了，你们谁能顺应天命接替帝位呢？"四岳回答说："我们德行浅薄，不敢玷污帝位。"尧说："那就从其他人中推举吧。"四岳说："民间有一个人叫虞舜，此人很有才能，他是盲人的儿子，父亲愚昧，母亲顽固，弟弟傲慢，他却能恪尽孝道，与他们和睦相处，把家治理的很好。"

尧说："那就先试试他吧。"于是尧把两个女儿嫁给他，从两个女儿身上观察他的德行。舜让她们放下尊贵的身份，居住到妫（guī）河边的家中，要她们遵守为妇之道。尧根据女儿反映的情况认为，舜为人谦虚，做事谨慎，品德不错。

尧让舜试任司徒之职，要他理顺父义、母慈、兄友、弟恭、子孝这五种伦理关系，舜把这些关系处理得很和谐。尧又让他管理百官的事，百官各司其职，尽职尽责。尧让舜在都城四门接待宾客，接触不同身份的人，舜在复杂环境中把各方关系都处理得很得体，四门内外十分和睦，远方宾客莫不敬服。

尧又派他进入山野丛林、大川草泽做具体事务，舜思路清晰，历来都不误事。尧认为舜很圣明，就把舜召来说："三年来，你把任何事情都做的十分完美，成绩有口皆碑，你现在可以登上帝位了。"舜推辞说自己的德行不够，不能胜任，但尧主意已定，正

月初一这天,他们在太祖庙,即文祖庙举行了禅让仪式。

尧先让舜做代理天子,观察舜做天子是否符合天意。舜首先通过观测北斗星来考察日、月及金、木、水、火、土五星运行有无异常;接着举行临时仪式祭告上帝,用火祭仪式祭祀天地和四时,用遥祭的仪式祭祀了名山大川;最后祭祀了各路神灵。

尧收集了侯爵们所持的玉制符信,然后选择吉日召见他们,给他们明确让舜代行政事。尧这时再将符信发给他们,让他们衷心辅佐舜。二月,舜到东方巡视,到了岱宗后,用烧柴火的方式祭祀了东岳,用眺望遥祭的方式祭祀了山川。

接着,舜召见了东方各诸侯,校正了四时节气,统一音律和长度、容量、重量的标准,整饬了吉、凶、宾、军、嘉五种礼仪。规定诸侯用五种圭璧、三种彩缯,卿大夫用羊羔、大雁,士用死雉作为朝见时的礼物,朝见典礼完毕以后,五种圭璧要还给诸侯。

五月，舜到南方巡视；八月，到西方巡视；十一月，到北方巡视。回来后，他用一头牛作祭品告祭了祖庙和父庙。舜每五年都到各地巡视一次，其余每年各地诸侯都要朝见天子。舜向诸侯国明确了他治国的各项规定，根据他们的业绩赐给他们车马和衣服。

　　舜把全国划分为十二个州，疏通了各州的河道，明确原有的刑罚不变，让各州谨慎使用；规定可以用流放的方法代替刺字、割鼻、断足、阉割、杀头五种刑罚；官府治事用鞭子施刑，学府教育用戒尺惩罚；处罚黄金可以赎罪，因灾害而造成过失的予以赦免；但对怙恶不悛、坚持为害的仍要施以刑罚。

　　驩兜曾举荐过共工，尧没有同意，但驩兜还是固执地任用共工做了工师。共工任职后果然随心所欲，放纵不羁。四岳曾推举鲧去治理洪水，尧不同意，但四岳坚持要试试看，结果鲧治水果然没有成功。有了这两次教训，百官都认为做事必须尊从尧的意见。

　　当时三苗在江淮流域及荆州一带多次作乱，舜巡视回来后就向尧帝建议把共工流放到幽陵，以改变北狄的风俗；把驩兜流放到崇山，以改变南蛮的风俗；把三苗迁徙到三危山，以改变西戎的风俗；把鲧流放到羽

五帝本纪第一

山，以改变东夷的风俗。惩办了这四个罪人后，天下人都十分佩服舜。

尧在位七十年时得到舜，又过了二十年后因年老而告退，告退时先谨慎地让舜试行了天子之职，然后才正式向上天推荐了舜。尧让出帝位二十八年后逝世，这时人们都如同死去了自己的父母一样悲伤，四方各地三年之内没有人奏乐。

尧去世三年后，舜把帝位让给了尧帝的儿子丹朱，自己则到南河岸边隐居去了。但诸侯朝见时不找丹朱而去找舜，打官司的人也不去找丹朱而来找舜，歌颂功德的人同样不歌颂丹朱而是歌颂舜。舜说："这是天意呀。"然后才到京都登上了天子之位。

虞舜名叫重华，重华的父亲叫瞽叟（gǔ sǒu），瞽叟的父亲叫桥牛，桥牛的父亲叫句（gōu）望，句望的父亲叫敬康，敬康的父亲叫穷蝉。穷蝉的父亲是颛顼帝，颛顼的父亲是昌意。从昌意到舜已经是第七代人了，这七代人中，从穷蝉到舜帝的中间几代人都是平民。

舜的父亲瞽叟是个盲人，舜的生母死后，瞽叟又娶了一个妻子，生下了象。象凶残暴虐，桀骜不驯，但瞽叟却很喜欢这个后妻生的儿子。瞽叟多次想杀掉舜，舜都躲过了，但瞽叟还是不罢休，只要舜有一点小错，就一定要重罚他。即使这样，舜仍旧很恭顺地侍奉父亲、后母及后母弟。

舜的父亲瞽叟愚昧，后母顽固，弟弟桀骜不驯，他们都想杀掉舜，但舜却恭谨行事，从不违背为子之道，为兄之义。他们想杀掉他的时候，总是找不到他；而有事要找他的时候，他却总是及时出现在他们的身边。

　　舜二十岁时，就因为孝顺出了名。三十岁时，尧帝问谁可以治理天下，四岳就推荐了舜。尧的两个女儿受到舜的影响很有妇道，她们不敢因为自己的出身高贵就傲慢地对待舜的亲属，尧的九个儿子也因受到舜的影响而忠厚谦笃。

　　舜的德行影响着更多的人。舜在历山耕作，历山人都能互相谦让地界；在雷泽捕鱼，雷泽的人都能谦让捕鱼的位置；在黄河岸边制作陶器，那里的陶器就没有次品了。很多人都慕名投奔舜，舜居住的地方虽然偏僻，但几年后就变成都市。尧帝听说了这些事后，就赐给舜一套细葛布衣服和一张琴，还为他建造了仓库，赐给了牛羊。

　　舜的父亲瞽叟想杀死舜，舜登高修补谷仓时，瞽叟就从下面放火焚烧，舜用两个斗笠保护着自己跳了下来，这才免去一死。瞽叟后来又让舜挖井，舜挖井时在侧壁凿出了一条暗道通向外边。当舜挖到深处时，瞽叟和象就往下面倒土填埋，舜赶忙从旁边的暗道逃出，这才免于一死。瞽叟和象以为舜死了，心情十分高兴，象得意地说："这个主意是我出的啊。"

　　象跟他的父母想一起瓜分舜的财产，象说："舜娶了尧的两个女儿，还有尧赐给他的琴，这些归我，牛羊和谷仓就归父母吧。"象于是就住进了舜的屋里弹着舜的琴，神情悠然自得，没有一点愧疚。

　　舜回来后去看望象，象看到后非常惊愕和纳闷，然后却故作难受地说："我正在想念你呢，你让我想的好苦啊！"舜说："是啊，你真是好兄弟

啊!"此后,舜好像什么事情都没发生一样,照样待奉着父母和兄弟。舜的这种胸怀和德行得到了尧的认可,尧才确定试用舜,舜果然都干的十分漂亮。

从前高阳氏的八个子孙都富有才德,世人称他们为"八恺",意思是八个和善的人。高辛氏的八个子孙也富有才德,世人称之为"八元",意思是八个善良的人。这十六个家族的后裔都保持着他们先人的美德,没有玷污先人的名声,但尧在位时却没有任用他们。

舜让八恺的后代去掌管土地,他们把事情办得井井有条。舜又举用了八元的后代传布五教,以求普天之下的父亲有道义,母亲有慈爱,兄长要友善,弟弟要恭谨,儿子要孝顺。八元的后代把这些事都做的很好。

从前帝鸿氏有个不肖子孙,他行凶作恶,野蛮不化,人们称他为浑沌。少暤(hào)氏也有个不肖后代不讲信义,厌恶忠直,恶语伤人,人们称他为穷奇。颛顼氏有个不肖后代不可调教,不识好坏话,凶顽透顶,天下人称他为梼杌(táo wù)。世人提起他们都很害怕,但尧在位时却没有把他们除掉。

缙云氏有个不成材的后代贪食好财,被称为饕餮(tāo tiè)。人们把他与上面的三凶合在一起称为"四凶"。舜在四门接待四方宾客时将这四凶及其家族赶到了边远地区,让他们去抵御害人的妖魔,都城从此安宁了。

禹、皋陶(yáo)、契、后稷、伯夷、夔(kuí)、龙、倕、益、彭祖等,这些人从尧帝时期就得到重用,但一直没有职务。舜于是到文祖庙与四岳商议,想封给他们官职,然后到四门了解各方人士对他们的看法,最后让全国十二个部落的首领讨论称帝应具备的功德。他们都说施行仁德之事,疏远谄媚之人,远方的外族就会归附。

舜对四岳说:"有谁能把帝尧的事业发扬光大,我就授给他官职,让他来辅佐我。"四岳都说:"伯禹为司空,可以光大帝尧的事业。"舜说:"嗯,好!禹,你去负责平治水土吧,一定要努力把事办好啊!"禹拜谢谦让,推荐稷、契和皋陶。舜说:"你不要谦让了,大家推举你,你就去干吧!"

舜对弃说:"弃,黎民正在挨饿受饥,你去负责农业,教人们播种百谷吧。"又对契说:"契,百官不相亲爱,五伦不顺,你担任司徒,去施行五伦教育,做好五伦之事吧。但你应注意,做这事必先自己要宽厚。"

舜又说:"皋陶,蛮夷侵扰华夏,鸡鸣狗盗之徒乘机捣乱,你担任司法官,使用五刑要得当,处置罪犯要有原则,五刑的宽减处理要有明确的规定,只有公正严明才能使人信服啊。"

舜问:"谁能管理好城郭修缮的事呢?"大家都说垂可以。舜于是任命垂为共工,统领各类工匠。舜又问:"谁能管理山泽中的草木鸟兽呢?"大家都说益行。于是任命益为朕虞,主管山泽。但益却再三谦让,想让位于朱虎、熊罴。舜说:"去吧,你行。让朱虎、熊罴做您的助手吧。"

舜说:"喂,四岳,有谁能替我主持天、地、祖宗三种祭祀呢?"大家都说伯夷可以。舜说:"好吧,就让伯夷担任秩宗,主管祭祀。担任这个职务要时刻笃诚恭敬,肃穆清静。"伯夷又推举起了夔(kuí)、龙两人,舜说:"那就任命夔为典乐,掌管音乐,教育子弟吧。"他然后看着夔说:"你一定要正直而温和,宽厚而严谨,刚正而不暴虐,随和而不傲慢啊。"

他继续说:"诗是表达内心情感的,歌是用不同的音来咏唱诗的,声律要与歌的内容相匹配,整个音律要搭配协调。这样,音乐就能唱出情感,唱出意境。"夔自信地说:"放心吧,我轻重有节地敲起石磬,各种禽兽都会跟着跳起舞来的。"

舜说:"龙,我担心和憎恨那种诬陷他人的人,他们的谗言和坏话会惊扰我的臣民,我对此非常憎恶。我任命你为纳言官,你要时刻尊奉我的旨意,报告给我下情,你一定要诚实啊。"

舜最后说:"你们二十二个人要笃诚敬业,顺应天意,一心辅佐我做好治国大事。"此后,舜每三年对他们考核一次,经过三次考核后,按照政绩对他们进行了升迁或贬黜。这样,全国的秩序井井有条,气象焕然一新。此后,舜采取措施分化瓦解了三苗部族。

这二十二人后来都成就了功业:皋陶任职大理,他能据实判断案情,司法十分公平;伯夷主持礼仪,全国上下都能谦和礼让;垂担任工师,百工兴旺;益担任虞,主管山泽,山林湖泽都得到了开发;弃担任稷,那时五谷丰登;契担任司徒主管教化,百官都亲善和睦;龙主管接待宾客,诸侯都来朝贡。十二州的首领认真负责,境内民众安居乐业。

禹的功劳最大，他开通了九座大山，治理了九处湖泽，疏浚了九条河流，勘定了九州疆界。各地都按禹核定的赋税缴纳贡物。这时，方圆五千里之地都得到了教化，离京师最远的荒夷地区也得到了安抚，一时间，百业兴旺，国泰民安。

帝舜的功德惠及到了交阯、北发、西戎、析枝、渠廋、氐、羌、北山戎、发、息慎、东长、鸟夷等地，四海之内一起称颂帝舜的功德。禹谱制了《九招》乐曲歌颂舜的功德，旋律美妙动听，引来凤凰翩翩起舞。天下明德都是从舜帝开始的。

舜二十岁时因为孝顺而闻名，三十岁时被尧任用，五十岁时代理天子政务，五十八岁时尧去世，六十一岁时接替尧即位天子，他在位共三十九年。他到南方巡视时，在苍梧郊野逝世，葬埋在长江南岸的九嶷(yí)山，就是现在的零陵。

舜帝即位之后乘着挂有天子旗帜的车子去给父亲瞽叟请安，又把弟弟象封在有鼻做诸侯。舜的儿子商均不成器，舜就事先推荐禹当政管理国事，禹当政十七年后舜逝世。禹服丧三年后把帝位让给了舜的儿子商均，但诸侯们不朝拜商均而归服于禹，这样，禹又只好登上了天子之位。

夏禹在位时，尧的儿子丹朱，舜的儿子商均分别在唐和虞得到了封地。禹还让他们穿上自己家族的服饰，用自己家族的礼乐仪式去祭祀他们的祖先。他们朝见天子时以客人的身份和天子平起平坐，天子也不把他们当臣下对待，以表示不敢专擅帝位。

黄帝、舜、禹，都是同姓，但他们各自都建立了不同的国号，以此彰明各自所开创的德业。所以黄帝号为有熊，帝颛顼号为高阳，帝喾号为高辛，帝尧号为陶唐，帝舜号为有虞。帝禹号为夏后，而另分出氏，姓姒氏。契开创了商朝大业，姓子氏。周的始祖是弃，姓姬氏。

太史公说："学者们多赞美五帝的功德，但五帝的时代离我们已经很久远了。《尚书》虽然可信，但只收录了尧以后的有关史料；诸子百家虽然有关于黄帝的记载，但文字却过于粗俗和随意，士大夫们很难引以为用。孔子传下来的《宰予问五帝德》及《帝系姓》，学者们一般也都不研习它了。我曾西到崆峒，北到涿鹿，东到大海，南到长江、淮水，采录了那里的老者关于黄帝、尧、舜的传闻。他们的风俗教化虽然不尽相同，但他们关于黄帝、尧、舜的传说与古籍的记载基本接近。我研读《春秋》《国语》发现，它们对《五帝德》《帝系姓》论说是准确的，只是人们不曾留意罢了，他们的论述不是没有根据的。《尚书》虽然早已残缺不全，但有关散轶的内容往往可以从其他书中找到，但如果不倾心研究，用心领悟，这些事情是很难向一般人说清楚的。我从这些书中对有关材料进行甄别筛选，写成这篇本纪，作为全书的开篇。"

夏本纪第二
人物像

舜

禹

启

夏桀

商汤

夏本纪第二

夏禹，名叫文命。禹的父亲是鲧，鲧的父亲是颛顼帝，颛顼的父亲是昌意，昌意的父亲是黄帝。禹是黄帝的玄孙，颛顼帝的孙子。禹的曾祖父昌意和父亲鲧都是帝王的大臣。

帝尧在位时，天下洪水肆虐，包围了高山，浸没了丘陵，人们四处逃避，非常愁苦。

尧帝召开四方首领会议，征求大家的意见，访求能治理洪水的贤臣。首领们都推荐鲧，尧说："鲧违背天命，毁败善类，恐怕不行吧。"大家都说："就任用他吧，如果不行，再把他换掉。"尧不好意思违背大家的意愿，就勉强任用鲧去治水。

鲧采取筑堤拦堵的办法治水，九年来洪水不但没有平息反而更加肆虐。面对滔滔的洪水和民众的责骂，鲧无计可施，只能摇头叹息。

　　这时，尧帝任用舜代管国政，行天子之事。舜忠于职守，到四方巡查，当他看到鲧劳民伤财，治水没有一点成效时十分气愤，就把鲧流放到羽山进行惩罚。鲧后来就死在了羽山。

　　此后，舜任用了鲧的儿子禹，让他代替他父亲鲧去治理水患。

　　尧帝不久去世了，帝舜问四岳："有谁能继承尧的事业，让他来当政任职吧。"大家都说："伯禹做司空可以光大尧帝的事业。"舜于是任用伯禹做司空。他对禹说："你去继续治理水患吧，要勉力好好干啊。"

　　当时契、后稷、皋陶等大臣和各部落首领都在场，禹谦逊地要把司空一职推让给契、后稷、皋陶等人。舜说："你不要再推让了，赶紧作好准备，负起责任吧！"

禹聪明机敏,吃苦耐劳,仁爱可亲,诚实可信。他的声音浑厚纯正,可以作为音律的标准;他的身躯十分挺拔,高低适中,可以作为标准的计量单位。他进退合于法度,做事宜于事理,对事业勤勉笃敬,堪称是百官的典范。

禹与益、后稷一起奉命治水,他们率领诸侯百官,发动服劳役的罪人奔赴到治水一线。禹穿山越岭,不辞辛苦,测定了高山大川的状貌,树立了木桩作为标志,为治水工作作好了前期准备。

禹对父亲鲧不能治水而被流放致死感到难过,下决心一定要把洪水治理好。他集思焦虑,执着专注,在十三年的治水过程中,多次经过家门而不回去探望。

禹自己节衣缩食,但却舍得用丰厚的礼品去祭祀神灵;禹衣着朴素,居住简陋,但却舍得花钱整治水土。他左手拿着准绳,右手拿着规矩,带着测量方位的仪器跋山涉水,划分了九州之地,开通了九州之道,测度了九山状貌,蓄拦了九州泽泊。

禹让益给民众分发稻种，教他们在低洼潮湿的土地上种植水稻；让后稷教民众种植谷物，赈济吃粮困难的民众。粮食匮乏时，禹让后稷把粮食从余粮地区调济给缺粮地区，使各诸侯国不论荒歉都有粮食吃。

　　禹在治水的同时还对各地的气候、土壤、作物、道路作了考察，根据实际情况规定了各地朝贡的物品种类和数量，并指明了朝贡路线。

　　禹巡行治水是从帝都冀州开始的。他首先治理了壶口、梁山和岐山地区，接着治理了太原一带，然后治理到岳阳地区。治理覃怀收到了明显效果后，又治理了衡水、漳水一带。当时常水、卫水疏通了，大陆泽也修好了。

冀州的土壤色白而柔细，田地为五等，赋税根据天年实际，有时列为一等，有时列为二等。紧靠冀州的东北处岛屿一带居住着夷人，他们朝贡的物品是皮衣。进贡的路线要绕道碣石山向西，然后进入黄河河道转运到都城。

济水和黄河之间的区域叫兖州。禹在这里疏通了九条河，雍水、沮水汇入了雷夏泽，百姓从山丘迁到了平地。这里的土地呈黑色，种上了桑，养上了蚕。朝贡的物品是漆、丝和有花纹的锦绣。土地属六等，赋税列为九等。贡品可通过济水、漯水进入黄河河道运到都城。

大海到泰山之间的区域叫青州。这里的淮水、淄水在大禹的治理下得到了疏通。这里的盐碱地较多，土壤为白色，属三等，税赋为四等，进贡的物品是盐、细葛布及海产和奇石等，贡品可经汶水转入济水朝贡。

大海、泰山一线到淮水之间的区域叫徐州。大禹在这里治理了淮水、沂水等河流，使蒙山、羽山都可以种植作物。东原地区的水已经退去，这里成了平地。这一带土壤为红色，土地为二等，税赋为五等。上贡的物品是供天子筑坛祭天用的五色土、野鸡、制琴瑟的孤生桐、石磬、珍珠和鱼类等。贡品可由淮水、泗水进入黄河河道朝贡。

淮河与大海之间的区域叫扬州。彭蠡汇成了湖泊，三江在这里入海，大雁可南飞栖息。这里气候潮湿，森林茂密，土地为九等，赋税为六、七等。贡品是铜、美玉、宝石、竹箭、象牙、皮革、羽毛、旄牛尾、锦缎、橘子、柚子等。贡品可通过大海进入长江再转道淮水、泗水朝贡。

荆山到衡山的南面的区域叫荆州。长江及其支流在这里大都有了固定的河道；沱水、涔水业已疏通；云泽、梦泽也治理好了。这里的田地属八等,税赋定为三等。进贡的物品是羽毛、旄牛尾、象牙、皮革、三色铜、丝带、大龟、贵重木材等。贡品可经长江、沱水进入洛水转入南河朝贡。

荆州和黄河之间的区域叫豫州。伊水、洛水、瀍(chán)水、涧水已经疏通,可直接注入黄河;荥播之水汇成了湖泊;荷泽水道得到了疏浚,水多时可以流入明都泽。这里的土地为四等,赋税为二等,贡品有漆、丝、细葛布、麻等。贡品可经洛水进入黄河朝贡。

华山南麓到黑水之间的区域叫梁州。这里的沱水、涔水已经疏通,岷山、潘家山都可以种植庄稼了;蔡山、蒙山的道路已经修好。这里的田地为七等,税赋为八等。贡品有美玉、铁、银、砮石、磬石,以及熊、黑、狐、狸等。贡品可从桓水、沔水进入渭水后东渡黄河朝贡。

黑水与黄河西岸之间的区域叫雍州。弱水经治理后已向西流去;泾水、漆水、沮水、沣水汇入了渭水。荆山、岐山的道路已经修通;终南山、敦物山一直到鸟鼠山一带都得到了治理。这里的黄土松软肥沃,土地为一等,赋税为六等,贡品是美玉和美石等。贡品可从积石山下走水路,经龙门山间的西河之地到渭水湾去朝贡。

禹在九条山脉上开出了道路:一条从汧山和岐山开始,一直到黄河西岸的荆山,从这里可越过黄河到帝都;一条从壶口山、雷首山一直开到太岳山;一条从砥柱山、析城山一直开到王屋山;一条从太行山、常山一直开到碣石山,然后进入大海与水路接通;一条从西倾山、朱圉山、鸟鼠山一直开到太华山;一条从熊耳山、外方山、桐柏山一直开到负尾山;一条从嶓冢山一直开到荆山;一条从内方山一直开到大别山;一条从汶山的南面开到衡山,越过九江,最后到达敷浅原。

禹疏通了九条大河。把弱水疏导至合黎,使弱水的下游注入沙漠。禹疏导了黑水,使黑水经过三危山流入南海(青海)。

黄河的疏导工作是从积石山开始的,河水经龙门山后向南到华阴,然后东折经过砥柱山,再到孟津,继续向东经过洛水入河口,到大邳后转而向北经过降水流入大陆泽。河水汇集到大陆泽后,又从泽中流出,再向北分为九条河,这九条河到下游又汇合在了一起,叫做逆河,最后流入大海。

从嶓冢山开始疏导漾水:漾水从嶓冢山流出,东流后称做汉水,再向东流称做苍浪水,经过三澨(shì)水,到达大别山,南折注入长江,再向东与彭蠡泽之水汇合,继续向东就是北江,最后流入大海。

从汶山开始疏导长江:长江从汶山流出,其东向有支流称做沱水,江水主道往东到达醴(lǐ)水,然后经过九江到达东陵,再向东斜行北流,与彭蠡泽之水汇合,继续向东就是中江,最后流入大海。

疏导沇水:沇水东流后与济水相遇,两条河流在黄河河口汇合,然后向南溢出形成荥泽,自荥泽东出到陶丘北后,再向东到达荷泽,由荷泽转而向东北与汶水汇合,最后向北流入大海。禹从桐柏山开始疏导了淮水:淮水向东与泗水、沂水汇合,再向东流入大海。

疏导渭水:渭水发源于鸟鼠同穴山,往东与沣水汇合,再向东与泾水汇合,再往东经过漆水、沮水,流入黄河。疏导洛水:洛水从熊耳山开始,向东北与涧水、瀍水汇合,又向东与伊水汇合,再向东北流入黄河。

从此,九州连成了一片,四方境内都可以安居;九山可以通达,九州之水各都归其源流,沼泽筑起提防形成了胡泊,诸侯都可以到帝都会盟和朝见天子了;都城的金、木、水、火、土、谷六库的物资得到了充实和有效管理,各地的土地优劣高下评定出了等级,贡赋官员可以有依据地征收赋税了。禹在中国(中原)分封诸侯,赐予土地和姓氏,他对诸侯说:“你们要把德行放在第一位,不能违背天子的意愿。”

禹下令说："距离帝都五百里以内地区为甸服区，这个地区的人都为天子种田。其中紧靠王城百里以内地区的收获全部归王所有；一百里以外到二百里以内要交纳禾穗；二百里以外到三百里以内要交纳谷粒；三百里以外到四百里以内要交纳粗米；四百里以外到五百里以内地区要交纳精米。"

甸服以外五百里的地区为侯服。其中一百里以内是卿大夫的采邑，往外二百里以内为男爵地（小封国），再往外二百里以内为诸侯的封地。

侯服以外五百里为绥服，其中三百里以内要大力推行礼乐法度教化。再往外二百里以内要部署部队保卫天子。

绥服以外五百里的地区为要服，其中三百里以内地区住夷族，往外二百里地区则安置罪犯。

要服以外五百里的地区为荒服，其中三百里以内地区住蛮族，往外二百里以内则安置被判处流放的罪犯。

这样，东临大海，西至沙漠，从北到南，四海之内都受到了天子声威

夏本纪第二

的影响和教化。此后,舜帝表彰禹治理水土有功,赐给他一块象征着水的黑色圭玉,宣告天下从此统一,享受太平。

一天,舜帝上朝和禹、伯夷、皋陶谈话。当时皋陶担任执法官,皋陶说:"治理国家要坚定不移地遵循道德约束,不断加强自身修养;要使族人亲近团结,不搞内讧;做任何事情都要有长远打算,这样才能有所作为;尤其是要知人善用,安抚百姓,这样才能使天下归心、安定。"

禹很赞成皋陶的说法,就说:"你说得很对,能了解别人是明智,这样的人就能恰当地给人安排官职;能安抚民众叫仁惠,黎民都会爱戴他。"

皋陶接着阐述了用人的九种标准,即:待人宽厚而有威严;性情温和而意志坚定;诚实守信而恭敬有礼;才能出众而严谨细致;心地善良而刚强坚毅;为人正直而又和

气；平易近人而坚持原则；办事果断而讲求实效；力量强大而秉持公理。

皋陶还认为，如果每天能做到其中三条，做大夫的就能管理好自己的领地；能修行好六条，做诸侯的就能保住自己的封国；要是能完全修行好全部九条美德，就能使人心稳定，国家太平。反之，如果使用奸邪无德之人，国家就会出现混乱。

舜帝要禹也谈谈自己的想法，禹很赞成皋陶的建议，他说："身处帝位要谨慎，处理国事要认真，用人得当就会得到百姓的拥护，上天的保佑，如果良莠不分，就不会有所建树。"

舜帝听了禹的话后感慨地说："丹朱好吃懒做，游手好闲，那样的人做事就如陆地行舟，根本无法前行，因此他失去了继承帝位的资格。你们是我的臂膀和耳目，千万不可当面奉承，背后指责，要尽心尽力地传扬我的德政，至于那些搬弄是非之臣，我一定会把他们清除

掉的!"

皋陶感慨禹的品行可敬,就下令民众以禹为榜样加强自身的修养;对于顽劣不化的人就用刑罚惩治。这样,天下百姓都以禹为榜样变得彬彬有理,诸侯之间也能和睦相处了,舜帝的德业从此更加厚重。

舜选择禹做自己的继承人,禹当政十七年后舜帝去世。三年丧期完毕后,禹又把天子的位置让给了舜的儿子商均,自己则迁到阳城居住。但是诸侯和大臣们都不理商均,都去朝拜禹,于是禹登上了天子之位,接受诸侯的朝拜。禹的国号是夏后,姓姒。

禹晚年推举皋陶做自己的继承人,可皋陶不久就去世了。禹把皋陶的后代分封在英、六城等地,任用伯益管理政事。

禹外出巡察时在会稽去世,伯益继承了天子之位。三年后,伯益把王位让给了禹的儿子启,自己则去了箕山。启即位天子,他就是夏后国的启帝。

有扈(hù)氏抗命不从,启就挥师讨伐,双方战于甘地。启阵前鼓舞士兵说:"有扈氏不敬天帝,不重臣民,我因此奉天命惩罚。作战勇敢的将士会在祖庙得到奖赏；违令不前的将士将在社坛前被杀掉，他的家属也要被杀掉或被罚做奴隶。这些文字后来整理成书，称作《甘誓》。此后有扈氏被消灭。

启去世后，儿子太康即位。太康不理朝政，整日沉溺于打猎和吃喝玩乐之中，最后被羿驱逐，丢了王位。他的五个弟弟在洛水北岸等他回国，可等了好长时间也没能等到他，于是他们就写下了伤感的《五子之歌》诉说衷肠。

太康去世后，弟弟仲康继位。仲康任命羲氏与和氏负责制定历法，但羲氏、和氏贪杯饮酒，不务正业，搞乱了四时节令，仲康就派大臣胤前去讨伐。大臣胤对这次战事作了记载，书名叫《胤征》。

仲康去世后,他的儿子相继位。相去世后,其子少康继位。此后经过帝予、帝槐、帝芒、帝泄、帝不降、帝扃(jiōng)、帝厪(jǐn)后,夏朝的王位传到了孔甲。孔甲迷信鬼神,淫乱好色,诸侯纷纷叛离。夏后氏王朝的统治从此衰败了。

孔甲在外游玩打猎,捉到一雌一雄两条龙,他就找来曾经跟豢(huàn)龙氏学过养龙术的刘累来豢养这两条龙。孔甲为此给刘累赐姓御龙氏,并把他封在了豕韦国,让他取代了原来彭姓豕韦国君的职位。后来雌龙死了,刘累就把死龙肉烹饪后给孔甲吃。孔甲此后要看这两条龙,刘累害怕被杀,就仓惶逃走了。

孔甲死后,他的儿子皋继位。皋死后,儿子发继位。发死后,儿子履癸继位,履癸就是夏桀。

面对孔甲当政以来的混乱政局,夏桀不思改变现状,反而变本加厉,用武力去镇压,诸侯们忍无可忍,都纷纷起来反抗。为了平息诸侯们的反叛,夏桀把诸侯中最有影响力的首领汤召到了朝中,然后将他囚禁在了夏台,但不久又把汤放了。

汤广赐仁义，大修德业，诸侯纷纷归附。后来他率领诸侯讨伐夏桀，桀败逃到了鸣条，最终在流亡中死去。夏桀临死时对身边人说："我真后悔当初没有把汤杀掉，才使我今天落得如此下场！"

汤建立商朝后，对夏后裔进行了封赐。周代时，夏的后代被封在了杞国。

太史公说："禹姓姒，后代被分封，他们以国名为姓，姓氏有：夏后氏、有扈氏、有男氏、斟寻氏、彤城氏、褒氏、费氏、杞氏、缯氏、辛氏、冥氏、斟戈氏。孔子认同夏代的立法，所以学者们多研习夏《小正》历。赋税制度是从虞夏开始确立的。有一种说法是禹在江南召集诸侯核计其功劳，于是就把此地叫会稽。"

殷本纪第三
人物像

汤

伊尹

太甲

武王

纣王

妲己

殷本纪第三

殷 的始祖是契，契的母亲叫简狄，是有娀（sōng）氏的女儿，帝喾的次妃。一日，简狄和另外两个女子去洗澡，忽然，天上的燕子掉下一个蛋，简狄接起就把它吃掉了，结果怀了孕，生下了契。

契因为后来跟随禹治理洪水有功，舜帝就任命他为司徒，并把商这个地方封赏给他，赐姓子。

契在唐尧、虞舜、夏禹的时代兴起，为百姓做了许多事，功绩昭著，百姓因而得以安定。

契去世后，他的儿子昭明即位。又传承了 14 代后，天乙即位。这就是成汤。成汤定都亳。从契到汤共八次迁都，成汤定都帝喾故地亳，就是为了追随先王帝喾的事业，因此作《帝告》，向帝喾报告迁都的情况。

　　汤是一个德行很好的君王，他曾对伊尹说："人照一照水就能看出自己的容貌，看一看百姓的生活就知道自己把国家治理得好不好。"伊尹说："是啊，善言听得进去，人才能有进步。治理国家，就要任用有德行、有才能的人啊。"

　　商在诸侯中地位较高，有权惩罚地位较低的诸侯。葛伯废掉了祭祀礼仪，汤就对葛伯说："你们亵渎神灵，废除礼仪，必遭惩罚！"于是出兵讨伐葛伯。汤在其《汤征》中对那场战争进行了记载。

　　伊尹原本地位低下，为了见汤，就装扮成有莘氏陪嫁的男仆，借着谈论烹饪滋味的机会劝说汤实行王道。也有人说伊尹是汤前后五趟迎聘才归从的。他给汤讲述了古代九个帝王的事迹后，汤就请他管理国政。

　　伊尹曾离开商都来到了夏地，当他看到夏桀荒淫无道时十分气愤，于是又回到了商都。进商都北门时遇见贤臣女鸠和女房，伊尹十分感慨，于是写下了《女鸠》《女房》以表达他离开夏桀重回

商都的心情。

汤外出巡查,看见郊野四面张着鸟网,猎人祝跪在地上祈祷说:"愿四面八方的鸟都快快进入网中吧!"汤很惊讶,一边叫人把挂好的网撤掉三面,一边责斥说:"你这样做太残忍了,这还不把鸟儿赶尽杀绝吗?

接着他命令猎人这样祈祷:"鸟儿,你们想往左飞就往左飞,想往右飞就往右飞。想去哪里就去哪里,不听从命令的就钻进我的网中。"诸侯们听了这件事后都说汤是个大仁大爱的人。

夏桀十分苛虐,百姓对他怨声载道,加上诸侯昆吾氏也趁机起来作乱,百姓更是叫苦连天。商汤由伊尹跟随,率领军队讨伐了昆吾,随后去讨伐夏桀,开始了颠覆夏王朝的战争。

商汤手持大斧战前动员:"夏桀作恶多端,欺压百姓,耗尽民力财力,百姓十分痛恨!他自诩自己是太阳,百姓却说:'你这个太阳什么时候灭亡。'上天对夏桀已经十分愤怒了,我只能带领你们去讨伐。听命立功的有赏,违反誓言的惩罚。"汤命人把动员令记录下来,写成《汤誓》。

在有娀氏部落的领地上,汤把夏桀的军队打得大败。夏桀仓皇逃往鸣条。汤乘胜追击,接连攻下了效忠夏国的三个诸侯国,缴获了大量的珠玉宝器。义伯、仲伯二人对宝器进行了整理,写成《宝典》一书。

灭夏后,商汤想更换夏的社神,但总觉得夏的社神句龙平水土,有功德,无法替换。于是就写成《夏社》一书,讲明不可换的道理。

战争结束后,伊尹向众诸侯通报了战况,各方诸侯争相归附。于是,汤登天子之位。

汤凯旋途中,在泰卷发出文告,废除了夏朝的一切严刑苛法,典章制度。回到亳都后,正值阳春三月,商汤亲自到东郊作《汤诰》训诫诸侯。

《汤诰》说:各位要为民众建功立业,认真做好自己的事情,否则就要受到严厉的惩罚。过去禹、皋陶、后稷为百姓建立了功业,得到百姓的尊敬和爱戴。而蚩尤和他的大夫们作乱,又落得怎样的下场?你们当中有谁胆敢做违背道义的事,我是不会让他再回到自己的诸侯国的。

汤即位后,修改了立法,更换了器物、服饰的颜色,崇尚白色,并规定只能在白天举行集会。汤去世后,经过两任短暂的传承后,伊尹立其嫡长孙太甲为帝,太甲就是历史上的帝太甲。

太甲即位时,伊尹就作了《伊训》《肆命》《徂后》三篇文章对太甲劝诫,但太甲不听劝诫,依旧昏庸暴虐,败坏德业,伊尹把他放逐到汤的葬地桐宫。当时伊尹代行政务,接受诸侯的朝拜。

太甲在桐宫居住了三年，终于醒悟，他改过自新，弃恶从善，于是伊尹就把他接回来，重新把政权还给他。

太甲复位后，发扬商汤的治国之道，他以德服人，勤俭爱民，四方诸侯纷纷归附，从此国泰民安。伊尹对太甲的作为十分赞赏，就作了《太甲训》，赞扬太甲。

太甲去世后，太甲的儿子沃丁继位。沃丁在位期间伊尹去世，沃丁便在亳以太子之礼厚葬了伊尹，赞扬伊尹为国家立下的功勋，并命咎单作《沃丁》一文，让伊尹的事迹留芳后世。

沃丁去世后弟弟太庚即位，太庚去世后儿子小甲即位，小甲去世后弟弟雍己即位。这时候国力已经衰弱，有的诸侯就不来觐见了。

雍己去世后，弟弟太戊即位，太戊任用伊陟为相。当时国都亳的朝堂前出现了桑树、楮树合生，一夜就长得很粗的怪异现象。雍己就去问伊陟，伊陟说这可能是上天警示为政有失，你要广施仁政。雍己听了规劝，那树就枯死了。

伊陟后来把这件事告诉了巫咸帝，巫咸治理朝政有方，殷商国势再度强盛。巫咸时期写下了《咸艾》《太戊》，颂扬了两代帝王治理朝政的功绩。太戊帝因此被称为中宗。

稍后一段时间，商朝出现了连续九代的混乱。那一时期，嫡长子继位制度已形同虚设，商王之子、商王的兄弟及商王弟兄的儿子们争夺王位的斗争非常激烈，商朝再度衰落，诸侯不来朝见。

由于内乱不断，加之连年的水患，为了巩固政权，从仲丁到盘庚时代，商朝的都城就多次迁移。百姓受尽迁移之苦。

盘庚是商汤的第九代子孙，是商代的第二十位国君。他是继承兄长的位置而登上王位的。

盘庚在位时都城在奄（今山东曲阜），盘庚决定把国都迁往殷，他的决定招来全国贵族上下的一致反对。

盘庚向平民百姓承诺，到新都后每人都能分到土地。贵族们听说多数百姓赞成迁都，就造谣惑众，煽动蛊惑百姓情绪，阻止迁都。

盘庚又把他们召集起来，耐心开导、劝告，要他们珍惜先辈创下的基业，维持君臣的良好关系，做好分内之事，贵族们于是收敛了许多。在盘庚的努力下，迁都终于达成共识。

盘庚即位第十四年，把国都迁至殷。迁都完成后，盘庚实施仁政，减轻赋税，提倡节俭，社会风气好转，政局基本稳定，殷朝又重新兴盛起来。

盘庚去世后，他的弟弟小辛即位，小辛治理国家缺乏策略，殷又衰落了。小辛去世后，他的弟弟小乙即位，帝小乙去世后他的儿子武丁即位。

武丁年幼时，父亲把他送到民间体验贫苦百姓的生活，接触社会，增长见识。

武丁在民间隐瞒了自己的身份，和百姓一起劳作，一起生活，很快学

会各种耕作技巧。武丁深切体会到了民间疾苦,他暗下决心,一定要改变现状,恢复殷商王国的繁荣。

后来武丁即位,他当政的三年里,国家的任何事情都由大臣们处理决定,他从不发表意见,其实他在一旁察言观色,考察大臣们的办事能力,寻找能够辅佐他的忠义之臣。

一天夜里,他梦见自己得到了一个圣贤的人,名叫"说"(yuè)。醒后就召集群臣百官,按照梦中人的相貌,仔细看有没有这样的人。他左看右看,把文武百官都看了一遍后,始终都在摇头,百官都觉的很奇怪。

武丁叫来画师画出梦中人的头像来,然后命人拿着头像到各地寻找,终于在一个叫傅险的地方找到一个面貌酷似画像的人,名叫"说"。

手下把说带到武丁面前,武丁点头说:"不错,就是他!"经过一番了解之后,武丁发现说果然是一个极有才德的人,于是就拿傅险这个地方做了他的姓,叫"傅说",任命他为朝廷的辅相。

祖庚帝逝世后,弟弟祖甲即位,即帝甲。帝甲荒淫暴乱,殷朝又衰败了。帝甲去世后许多年,其后代武乙即位。殷朝再次离开亳,迁都到黄河北岸。

自武丁起六代后帝乙即位,殷朝国势一天比一天衰弱。帝乙有两个儿子,大儿子名启是庶子,于是立嫡子辛为太子,帝乙去世后辛登上王位,他就是帝辛,天下人称他为纣。

纣天生狡黠，长大后身材魁梧，力大无比。他恃才傲物，善于狡辨，做了帝王之后更是目中无人，喜欢吹嘘炫耀自己。

纣王不理朝政，整日饮酒作乐，尤喜女色。商纣讨伐有苏时，伏获妲己，妲己受宠，纣王对她言听计从。

妲己喜欢歌舞，让纣王为她找来乐师演奏舞曲，妲己就伴随舞曲翩翩起舞，令纣王日夜流连，沉湎其中。

为满足骄奢淫逸的欲望，纣王大量增加赋税，把聚敛来的财富堆满鹿台的前库，还搜集奇珍异宝安放在王宫内外，派人在沙丘扩建豪华的宫殿，种植花草，抓来奇珍鸟兽，供他和妃子们游赏玩乐。

纣王让人把池子盛满酒，悬挂肉形成林，又让人们裸着身子在酒池肉林之间嬉戏追逐，不分昼夜吃喝玩乐。这就是传说中的"酒池肉林"。

纣王无道，人民愤恨不已，有的诸侯背叛他，他就加重刑罚，还发明炮烙之刑施刑犯人，以取悦妲己（在铜柱上涂上油膏，放在炭火上烧，然后施行于犯人，此所谓"炮烙之刑"）。

纣任命姬昌、九侯、鄂侯三人为三公，九侯把他漂亮的女人送给纣王，可这个美女不喜纣王的荒淫无道，纣王十分气愤就把她杀了，而且把九侯剁成了肉酱。鄂侯跟他争论，因言辞过激，他就把鄂侯的肉做成脯干让人吃。姬昌听到这些后，暗自叹息，不料被奸臣崇侯虎看见，崇侯虎就把姬昌的不满行为告诉了纣王，纣王就把西伯昌囚禁在羑（yǒu）里。

为了营救西伯昌，西伯姬昌的臣子们到处寻求美女，以及一些珍奇好玩之物献给纣王，纣王才赦免了西伯。

西伯出狱后，把洛西一块地方献给了纣王，请求他废除炮烙之刑。纣王答应了他，并封他为西方诸侯的首领，赐给他弓矢、斧钺，以示他有权去征讨那些不听令的叛国者。

此后，纣王任用了阿谀奉承、贪图财富的费仲管理国事，殷商的社会风气更加恶劣。后来又用善于毁谤的奸臣恶来主政，诸侯都不敢接近纣王。

西伯回到西方后，施行仁政，暗地里修养自己的品形，许多诸侯都归附西伯，西伯的势力不断壮大，纣王的权威一天天丧失。纣王不听臣子们的劝阻，认为自己生来就有命在天，别人是奈何不了他的。

西伯去世后，太子姬发即位，他就是周武王。周武王率兵东征，来到盟津，大小诸侯背叛殷，而跟周会盟的就有八百个之多。诸侯都说纣王可以讨伐了，武王却说："你们不知道天命，现在还不

是讨伐的时候。"于是撤兵返回。

纣王经过这次教训后，不但不知悔改，反而变本加厉。微子劝他不听，于是就跟太师、少师计议准备暂时逃走。王子比干以死进谏，但被纣王剖腹挖心。箕子惧怕，假装疯癫，被囚禁起来。太师、少师拿着祭祀的乐器逃到周。

武王认为时机已到，统领诸侯，讨伐商纣王，纣王也出兵抗拒，在牧野外，布下军阵，这就是历史上有名的"牧野之战"。

周武王十一年二月甲子日这天打败纣王，纣王逃入城内，登上鹿台，穿上他缀有珍珠宝贝的衣服，引火自焚而死。

殷本纪第三

周武王砍杀了纣王和姐己,把他们的头悬挂在旗杆上示众。然后把箕子从监狱释放出来,把比干的墓加以修整,表彰了人人尊敬的贤者商容,分封了纣王的儿子武庚禄父,让他继承殷朝的祭祀,殷人对武王的这种处置非常赞赏。

于是武王就做了天子,周朝建立。其后因感德薄不及五帝,因此贬帝号,不称帝而称王。把殷的后代改封为诸侯,附属周朝。

周武王死后,武庚借机跟武王的弟管叔、蔡叔串通作乱,成王就任命周公领兵讨伐,结果杀了武庚、管叔,流放了蔡叔,改立纣王的兄弟微子继续殷代的祭祀。

太史公说:"我从《诗经·颂》中采集有关资料记述了殷人的祖先契的事迹,成汤以后的史料则多来源于《尚书》和《诗经》。契为子姓,他的后代被分封后就以国为姓了,有殷氏、来氏、宋氏、空桐氏、稚氏、北殷氏、目夷氏等。孔子曾说:'殷人制造车辆的工艺水平很高,他们以白色为上色。'"

周本纪第四
人物像

后稷

文王西伯

武王姬发

纣王

襄王

苏代

周本纪第四

周朝的始祖是后稷，后稷名叫弃。弃的母亲姜嫄是有邰氏部落的女子，帝喾的正妃。一天，姜嫄到野外游玩，看见地上有一只巨人的脚印，出于好奇，姜嫄就把自己的脚踏了上去比试。谁知，踏上去后身子却像怀了孕似的抖动。

十个月后，姜嫄生了个男孩。但她总觉得这个孩子不吉利，就出门把他丢弃到一个狭窄的小巷里。说来奇怪，过路的牛马总是避着婴儿走。

姜嫄又想把他丢弃到林子里，可是，林子里人太多很是不便。于是她就又换了一个位置，把孩子丢弃到了一条结了冰的水渠里。谁知，

鸟儿却用羽翅为他铺盖取暖，进行保护。

姜嫄好生奇怪，觉得好像有神灵庇护孩子似的，只好把他抱回去抚养。因为当初这小孩被多次丢弃，因此就给他起名叫弃。

弃小的时候就很出众，有远大的志向。他总爱学着大人种庄稼，并喜欢观察这些庄稼的生长过程。说来奇怪，他玩游戏时种出来的庄稼都长得很旺盛。

弃长大成人后十分喜欢种庄稼，并善于总结庄稼的生长规律，熟悉各类庄稼所适宜的土壤，周围的人都来向他学习。尧帝听到这些情况后，就把他请来，让他担任农师这个官职，专门教授人们种庄稼的方法。

弃努力向人们传授种庄稼的方法，人们因此收获了很多粮食，得到了弃的帮助。舜帝后来表扬他说："你在人们遭受饥饿时担任农师，指导人们种植了很多谷物。"因弃有功，舜帝就把邰地封给了他，并亲切地称呼他为"后稷"。舜帝给后稷赐姓姬。从尧舜一直至夏代，后稷的家族一直都很兴旺。

后稷去世后，他的儿子不窋(zhú)承袭了他的官职。不窋晚年，夏的后代政治腐败，废除了农师，不窋失去了职业，逃往戎狄（今甘肃庆阳境内）。

不窋的儿子叫鞠，鞠的儿子叫公刘，公刘在戎狄继承了后稷的事业，教授民众种植庄稼。他还带领百姓渡过漆水、沮水到渭水一带伐取木材以供使用，民众都因他而过上了安定的生活。人们都很感激他，纷纷投靠他，周朝的基业兴起就是从这时候开始的。

公刘的儿子叫节，公刘去世后，节在豳(bīn)地（大约在今甘肃正宁和陕西淳化之间）建立了国都。从庆节起，政权传承到第八代子孙时古公亶父即位。古公广施仁义，把后稷和公刘的事业发扬光大，豳都再次兴盛。

当时，戎狄的熏育族不断侵扰豳都，掠取财物，古公就主动给他们财物，让他们离去。

后来熏育人又不断侵犯，人们都义愤填膺，要进行反击。但古公却说："民众拥戴我，是想让我给大家谋利益，现在熏育来侵犯，目的是抢夺土地和人民，你们跟着我和跟着他是一样的，如果为了我而牺牲了你们的父兄，我于心不忍啊。"

古公带着家小离开了豳地，来到了岐山。谁知，不但豳地全城人都跟着他迁居，而且豳地周围部落的人因感恩他的恩德，也纷纷跟着来到了岐山。

古公在岐山废除了戎狄的风俗，营造城郭，建设房舍，把民众安置了下来。他又设立各种机构，办理各种事务，使民众安居乐业。民众作歌谱曲，歌颂他的功德。

古公有三个儿子，长子太伯，次子虞仲，三子季历。季历的母亲叫太姜，妻子叫太任，太姜和太任都很贤惠。

太任生姬昌时天上布满了美丽吉祥的云彩，于是人们就预言说姬昌能成大业。古公半信半疑地说："都说我们的后代会有兴家旺族的人出现，难道这个人就是姬昌吗？"

长子和次子听到父亲说这话后，知道父亲要把王位让给季历，于是就离开族人，远走荆蛮地带，并按当地蛮人的风俗剪去头发，刺上纹身，以示在此安家，不与弟弟争夺王位。

　　古公去世后，季历即位。季历修善制度，广施仁义，周围诸侯纷纷都来归附。

　　季历去世后，姬昌即位。姬昌就是西伯昌周文王，他继承了祖上后稷和公刘的事业，遵循古公亶父、季历的治国方法，尊老爱幼，礼贤下士，广施仁义。

　　西伯爱惜人才，常常顾不上吃饭，首先要接待贤士，贤士因此都归附他。

　　伯夷和叔齐是两位隐士，居住在孤竹，听说西伯很仁慈就来归附。接着，太颠、闳夭、散宜生、辛甲大夫等当时一些有名望的贤士都相继归附。

　　商朝大臣崇侯虎向纣王说道："西伯处处积善行德，诸侯都归附他，这样长此下去会对你不利的。"于是，纣王就把西伯抓起来囚禁在羑里。

　　闳夭等人很担心西伯的安全，于是就准备了很多美女、骏马、珠玉、珍宝，并通过商朝的奸臣费仲送给了纣王。纣王看到后十分高兴，说道："送来的任何一件东西就足以释放西伯了，何况这么多呢？"

周本纪第四

051

纣王不但释放了西伯，还给了西伯很多兵器，让西伯讨伐那些不服从命令的诸侯。临走时还对西伯说："给我说你坏话的人是崇侯虎。"西伯回去后又把洛河以西的土地献给了纣王，同时请求纣王废除"炮烙之刑"，纣王答应了。

西伯默默地推行仁政，诸侯之间解决不了的事都来找他裁决。当时虞、芮两地有纠纷不能解决，就相约来找西伯评理。

当来到周的领地时，他们看见相邻种地的人都互相谦让，年龄大的人都会得到尊重。于是，求见者自惭形秽地说道："我们所争的，正是周人所耻笑的，我们不要去见西伯了，我们赶紧返回吧，免得丢人现眼。"

虞、芮之人回到各自的领地后相互谦让，问题很快得到了解决。这件事很快在诸侯之间传开了，人们都认为西伯可能就是上天派来管理天下的君主。

一年后，西伯发起了一系列统一战争，先后打败了犬戎、密须、耆国。商朝的祖伊感到周的行为非常可怕，就把他的想法说给了纣王。纣王不以为然地说："我是承奉天命的人，谁也奈何不了我，他不会有什么作为的。"

又过了一年，西伯又讨伐了邗国，紧接着就讨伐了崇侯虎，然后建造了丰邑，并把国都迁到了丰邑。此后西伯去世，太子姬发继位，姬发就是周武王。

西伯在位共五十年。他被囚禁在羑里时演绎了周易八卦,虞、芮之争后诸侯们尊他为王。他在位十年后去世,谥号为文王。他曾改制法度,励精图治,尊古公为太王,尊季历为王季,周的帝王征兆是从太王开始的。

武王即位后,任用太公望为太师,周公旦为宰相,召公、毕公为辅佐,他以文王为榜样,宽厚待民,精心治国。

武王在位第九年,在毕地祭祀了文王,然后载着父亲的牌位来到盟津检阅部队。他自称太子,借用父亲的德望给官员们说:"我年幼无知,承蒙先人的德望继承了功业。为了保证父亲意愿的实现,我制订了奖罚制度,愿你们忠心耿耿,和我一道讨伐无道商纣。"

师尚父发布命令说:"各路诸侯、将领,立即集合你们的队伍,把好船桨,准备出发,怯懦不战者一律斩首!"

武王乘船渡河,船走到黄河中间,一条白色的鲤鱼跃到了武王的船上。武王拾起鱼看了看,然后虔诚地用它来祭祀上天。

武王渡过河后安扎好营寨,忽然,一团火从天而降,在武王居住的营寨上来回盘旋,最后变成了一只赤红色的大鸟,声音洪亮地叫个不停。

这时候，跟随武王在盟津会盟的大小诸侯有八百多个。诸侯们都说："我们的势力够强大了，现在就可以讨伐商纣了。"武王却说："你们没看懂天命，现在是不能讨伐商纣的。那白鱼和火鸟就是上天对我们的警示。"

其实，武王是想借此机会演练一下军队，目的是看看诸侯们的态度。当他看到有的诸侯态度还不够坚决时，就认为讨伐商纣的机会还不够成熟，于是就退兵了。

过了两年，商纣更加暴虐，杀死了王子比干，囚禁了箕子。太师疵、少师强两人见状十分惊恐，于是就抱着乐器弃商而去，逃奔于周。此时，商都大臣人人自危。

武王看到讨伐时机已经成熟，就历数商纣的罪行，在诸侯之间频繁外交，与诸侯达成讨伐商纣的共识。周武王十一年十二月戊午日，诸侯盟军以武王为首领，出动战车三百辆，虎将三千人，甲士四万五千人会师盟津。

武王在军中发布公告说："商纣王听妇人之言，自绝天下，毁坏人伦道德，疏远同族兄弟，废除乐礼典章，谱奏淫靡之曲，讨取妇人欢心。我姬发愿与诸位共同努力，替天行道，诛灭商纣！"

二月甲子日黎明，武王在商郊牧野举行了誓师大会。武王左手拿着大斧，右手拿着令旗，站在队伍前对士兵们说道："各位将士，请高举你们的戈，排齐你们的盾，拿好你们的矛，让我们共同起誓吧。"

武王说："商纣听妇人之言残害忠臣，任奸佞之臣欺压百姓，我愿与诸位替天行道，诛灭商纣。大家要齐心协力，保持进攻队形，像猛虎、蛟龙、豺狼一样戮力冲杀。要善待投诚者，让他们反戈一击。怯懦不前者一律斩杀！"

武王率领四千辆战车在牧野摆开阵势，商纣派七十万兵卒前来迎战。武王派师尚父指挥小部队挑战，自己却率领大部队突然攻击。商纣王的军队虽多，但都无心替商纣王卖命，他们阵前倒戈，引领周军直冲商军，商军顷刻崩溃。

商纣王看大势已去，急忙逃到城内，拿出奇珍异宝，穿好华丽衣裳，然后站在珍宝中间自焚而死。

诸侯们集合列队，等待武王，准备入城。武王手持令旗，走向高台，发号施令。诸侯部队看到武王后都向他行跪拜礼，武王亦向诸侯行作揖礼，诸侯们都齐呼口号，拥立武王为王。

武王攻入商都，商都的百姓都在等待武王，武王对百姓说："商纣王气数已尽，这是上天在赐福给你们啊。"百姓都跪拜磕头，武王给百姓行礼。

武王进城后毫不犹豫，径直走向商纣王自焚的地方，朝着纣王的尸体连射三箭，然后下了战车，拿起宝剑刺向纣王的尸体，最后用斧子砍下了纣王的头，把纣王的人头悬挂在大旗杆上示众。

武王又来到纣王的两个妃子那里，她们已悬梁自尽。武王举剑刺穿了她们的身体，用斧子砍下了她们的头颅，然后把她们的头颅悬挂在小旗杆上示众，最后出城回到军中。

第二天，周军打扫完战场，清扫完道路，修复好原纣王的王宫和社庙，商都焕然一新，准备迎接周朝的开国仪式。

仪式举行的十分隆重，武王的弟弟姬振铎负责威武的仪仗队和仪仗车前行；周公姬旦拿着象征权力的大斧，毕公拿着小斧护卫在武王的车架左右，紧随仪仗队前行；散宜生、太颠、闳夭等大臣拿着长剑护卫在武王的车架之后，他们带着浩浩荡荡的军队开进商都，然后在社坛之前列好了队伍。

仪式开始了，卫康叔姬封在社坛前谨慎地铺好席子，召公奭（shì）虔诚地献上了彩帛，毛叔郑捧着明月下取的露水进献，师尚父放好祭祀用品，仪式一项一项地进行。

巫师伊佚开始读祷文："商纣王败坏纲纪，辱慢神灵，欺压百姓，罪恶深重，上

天已经完全知晓,将其诛灭。"

紧接着,武王来到社坛前拜了几拜,跪在席子上说:"我接受上天的命令,革除殷商政权,接受上天对周朝的任命。"说完后再拜、磕头,然后退出。就此,一个新的政权宣告诞生。

周武王采取了一系列措施安抚人心,稳定秩序。他让商纣王的儿子禄父管理殷商故地,让他的弟弟管叔鲜、蔡叔度辅佐,人们觉得他宽厚仁慈。

武王命令召公把殷商的旧臣箕子从监狱里放了出来,派人到旧臣商容的故里表彰他的美德,让闳夭给殷商王子比干修建了陵墓,这一系列的安抚措施争取了殷商旧臣的支持。

武王让毕公把纣王囚禁的百姓释放出来,让南宫适把府库的钱粮分给商都的穷苦百姓。这样,武王便得到了殷都百姓的拥护。

武王让南宫适、史佚负责,把传国九鼎和镇国玉器向百姓展示,以示神器在握,天命真传,统一了人们的思想意识。

武王用隆重的仪式纪念了

阵亡将士,表彰了他们的作战事迹,号召人们学习他们,忠于国家。

此后,武王回兵西岐。他沿途巡视了各诸侯国,受到了各诸侯国的欢迎,进一步加强了与各诸侯国的关系。

回家的路上,武王命人把这段时间他处理政务的情况记录了下来,然后整理成书。这本书的名字叫《武成》,以示灭商武功已成。

灭商后,武王开始分封诸侯,赐予诸侯殷商之宗庙祭器。他写下《分器》一书,把当时的封赐情况做了具体的记载:武王感念古时圣王,就赐封神农氏的后代于焦国,赐封黄帝的后代于祝国,赐封尧帝的后代于蓟,赐封舜帝的后代于陈,赐封大禹的后代于杞。

武王分封功臣谋士。尚父封在营丘,国号为齐。弟弟周公旦封在曲阜,国号为鲁。封召公奭于燕。封弟弟叔鲜于管,弟弟叔度于蔡。其他人各自依次受封。封完诸侯王后,武王率领九州长官,登上豳(bīn)城的高山,他远眺商都,思绪万千,回到周都镐京后,夜不能寐。

周公旦问武王为什么睡不着觉,武王说:"上天不享用殷朝的祭品已经六十年了,这期间社会混乱,哀鸿遍野,因而才有了我们今天的成功。殷朝任用了有名之士三百六十人,他们虽说不上有什么显赫的政

绩，但这些人的存在，还不至于使其很快灭亡。因此，我们的政权还不稳固，我哪里顾得上睡觉呢？"

武王又说："我必须得到上天的保佑，确保周朝的国运不可逆转。首先，我要接近天帝的居室居住，以方便顺应天意。其次，要找出所有的恶人，像诛杀商纣一样诛杀他们。再次，要日夜操劳，确保大本营西方的安定。最后，要办好各种事情，让功德恩泽四方。"

武王继续说："从洛水湾直到伊水湾，是从前夏朝定居的地方。我南望三涂，北望岳北，观察黄河，察看洛水、伊水地区，这里离天帝的居室不远，是建都的好地方。"于是派人对洛邑周边进行了测量、规划，然后离去。此后，武王命令马放南山，牛养桃林，刀枪入库，解散军队，向天下表示不再用兵。

殷朝灭亡两年后，武王向箕子询问殷朝灭亡的原因。箕子不忍心说殷朝的不好，就向武王讲述了国家存亡的道理。武王也觉得不太好意思，所以又故意询问了他天地自然发展存亡之理。

殷商刚刚灭亡，天下还没有完全统一，武王就生了病，王室大臣非常担心，虔诚地进行占卜。周公斋戒沐浴，祷告上天，为武王消灾除邪，愿用自己的身体去代替武王，武王的病就渐渐

地好了。后来武王逝世了,太子诵继承了王位,这就是成王。

成王年纪小,周又刚刚建立,周公担心诸侯背周反叛,就代理成王主持国事。管叔、蔡叔等弟兄怀疑周公篡位,就联合武庚禄父发动叛乱。周公奉成王的命令,平复叛乱,诛杀了武庚、管叔,流放了蔡叔。

周公让微子继承殷朝的宗庙祭祀,并让他在宋地建国。武王的小弟弟封为卫康叔,把殷朝的全部遗民聚集起来交给卫康叔管理。

晋唐叔很有寓意地给成王献上了二苗同穗的禾谷。成王又把它转赠给远在军营中的周公。周公接受了米谷,颂扬了天子的恩德和赐禾谷的深长寓意。

周公经过三年时间才彻底平定了管叔、蔡叔的叛乱,讨伐前他就写下了《大诰》一书,陈述了讨伐叛逆的原因。此后他又写下了《微子之命》,对微子开继嗣殷商一事做了记述;写下了《归禾》《嘉禾》,记述了赐送合头禾谷的美好故事;写下《康诰》《酒诰》《梓材》,寄托了对康叔的殷切希望。

周公代政七年后，成王长大成人，周公把国政交给了成王。成王住在丰邑，他遵循武王要接近天室居住的遗命，派召公去洛邑筹划建立新都。周公进行占卜，反复察看地形，最后营建成功，把九鼎安放在了那里。他说："这里是天下的中心，四方朝贡的路程都一样远。"他把建都的过程作了记述，写下了《诏诰》《洛诰》。

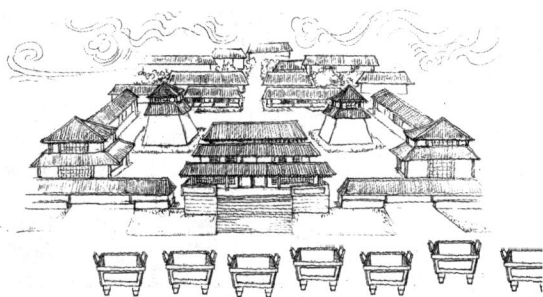

成王命令把殷朝遗民迁到洛邑，由周公具体负责执行，周公把整个过程记录下来，写成《多士》《无佚》。此后，召公担任太保，周公担任太师，往东征伐淮夷，攻灭了奄国，把奄国国君迁徙到薄姑。成王从奄国回来，在宗周把这些事情记述下来，写下了《多方》。

成王消灭了殷朝的残余势力，袭击了淮夷，回到丰邑写下了《周官》。《周官》说明了周朝的机构管理制度，规定了礼仪，谱制了礼乐，发布了法令。这时，百姓和睦，天下太平，颂歌四起。成王讨伐了东夷之后，息慎前来恭贺，成王命令荣伯写下了《贿息慎之命》。

成王临终时担心太子钊（zhāo）不能胜任，就命令召公、毕公率领诸侯辅佐太子。成王逝世之后，召公、毕公率领诸侯，带着太子钊去拜谒先

王的宗庙,用文王、武王开创周朝王业的艰难过程反复告诫太子,要他厉行节俭,戒除贪欲,笃诚敬业。写下了《顾命》。

太子钊即位,是为康王。康王向天下诸侯宣告了文王、武王的业绩,写下了《康诏》。成王、康王之际,天下安宁,刑罚四十年不用。康王时期,命令管理户籍,毕公让民众按村落聚居,划定周都郊外的界线,并把郊外作为周都的屏障规划管理。为此写下《毕命》。

康王逝世之后,儿子昭王瑕(xiá)继位,昭王在位的时候,王道开始衰落。昭王到南方巡视时,当地人因为憎恶他,给他做了一只用胶粘合的船,船破裂后,他被淹死在江中。因为当时朝堂很忌讳这件事,所以昭王死的时候没有让诸侯送葬。

昭王的儿子满,就是穆王。他即位时已经五十岁了。这一时期国家政治衰败,穆王十分痛心,就命令伯冏(jiǒng)反复告诫太仆,要管好国家的政事,写下了《冏命》。这样,天下才得以安定。

穆王准备攻打犬戎，祭(zhài)公谋父阻止说："不能打啊，先王以德服人，从不炫耀武力。如果只是炫耀武力，军队就会漫不经心，漫不经心就会缺乏军威，导致失败。当时人们这样歌颂周文公：'收起弓箭刀戈啊，求贤德之人治国。恩泽普惠四方啊，天佑我江山永固。'

"先王治理民众，使他们品行端正，德业厚重；增加其财产，改良其工具，使他们做有益的事，不做有害的事。人们都心怀先王的恩德，敬畏国家的法律，所以才能保住先王的事业世代相承，日益壮大。

"我们的先祖世代担任农师，为虞舜、夏禹谋事。夏朝衰落时，废弃农师，不务农事，先王不窋(zhú)因而失掉官职，流落到戎狄地区，但他对农事不敢怠慢，时时宣扬弃的德行，继续他的事业，沿用他的教化法度，恪尽职守，敦厚笃敬。后来世代继承这种美德，不敢玷污前人。

"文王、武王的时候，弘扬先人的美德，再加上慈祥和善，侍奉鬼神，保护民众，普天之下没有不高兴的。商王帝辛对民众犯下了大罪恶，民众不能忍受，都高兴地拥戴武王，因此才发动了商郊牧野的战争。所以说，先王并不崇尚武力，而是勤勤恳恳，体恤民众，为民除害。

"先王规定：国都范围内为甸服，国都周围各诸侯国是侯服，更远的小诸侯国为宾服，蛮夷地区为要(yāo)服，戎狄地区为荒服。他们要分别供给日祭、月祀、时享、岁贡的用品。甸服地区要供日祭品；侯服地区要供月祀品；宾服地区要供时享；要服地区要供岁贡；荒服地区要来觐见天子。

"先王留下遗训：有不供日祭的，就检查自己的思想；有不供月祀的，就检查自己的言论；有不供时享的，就检查自己的法律制度；有不供岁贡的，就检查上下尊卑的名分；有不来朝见的，就检查仁义礼乐的教化。

"如果仍然有不来进献和觐见的,就检查刑罚。因此有时就惩罚不祭的,攻伐不祀的,征讨不享的,谴责不贡的,告谕不觐见的。这样,就有了法律、军队,以及命令和告谕的文书。如果宣布了命令,发出了文告,仍有不来进献和觐见的,就要检查自己的德行,而不是轻易地征伐。这样,天下就没有不归顺的了。

"自从大毕、伯士死后,犬戎按照荒服礼节前来朝见,而您却要用宾服不享的罪名征伐,这岂不是违背了先王的训诫?犬戎已经建立起了敦厚的风尚,坚守着终生入朝的职分,他们并没有过错啊。"穆王还是去征伐西戎,结果只获得四只白狼和四只白鹿。但犬戎从此再不来觐见了。

针对有的诸侯国管理较为混乱,甫侯向穆王建议制定刑罚和管理章程。穆王对各位诸侯和有采地的大臣们说:"你们要让百姓得到安抚,就要用有贤德的人才;要让老百姓敬畏,就要用刑罚;使用刑罚,要量刑得当。

"要通过观察双方当事人的言语、脸色、气息、听话时的表情、看人时的表情等五种方法来审理案件。五种审讯结果确凿无疑了,就按照墨、劓(yì)、膑(bìn)、宫、大辟五种刑罚的规定来判决。如果五刑不合适,就按照用钱赎罪的五种惩罚办法来判决。

"如果用五罚不合适,就按照五种过失来判决。按照五种过失来判决会产生弊病,这就是依仗权势,乘机报恩报怨,通过宫中受宠女子进行干预,行贿受贿,受人请托等。谁有这种情况就处罚谁,即使达官贵人也不能放过，要与犯罪的人一样判他们的罪。

"判五刑之罪如果有疑点，就按五罚处理；判五罚之罪如果有疑点，就按五过处理。一定要审核清楚，要在众人中加以核实，审讯的结果要与事实相符。没有确凿证据的就不要怀疑人家，应当共同尊敬上天的声威，不要轻易用刑。

"如果判刺面的墨刑而有疑点的，可以减罪，罚以黄铜六百两，但要认真核实，如果确实有罪，还应施刑。要判割鼻的劓刑而有疑点的，可以减罪，罚以黄铜一千二百两，比墨刑加倍，但也要认真核实，如果确实有罪，还应施刑。

"判挖掉膝盖骨的膑（bìn）刑有疑点的，可以减罪，罚以黄铜三千两，比劓刑加一倍半，但也要认真核实，如果确实有罪，还应施刑。判破坏生殖机能的宫刑有疑点的，可以减罪，罚以黄铜三千六百两，但也要认真核实，如果确实有罪，还应施行。"

穆王最后说："判杀头之刑大辟而有疑点的，可以减罪，罚以黄铜六千两，但也要认真核实，如果确证有罪，还应施行。"五刑的条文，墨刑类有一千条，劓刑类有一千条，膑刑类有五百条，宫刑类有三百条，大辟类有二百条。这套刑法因为是甫侯提出来的，所以叫做《甫刑》。

穆王在位五十五年逝世，儿子共王繄扈（yī hù）继位。共王出游到泾（jīng）水边上，密康公跟随陪同。

三个女子来投奔密康公，密康公的母亲说："把她们献给天子吧。三只野兽叫'群'，三个人叫'众'，美人三人就叫'粲'。那么多美人都投奔你，你有什么德行承受得起呢？君王尚且承受不起，更何况你这样的小人物呢？小人物而拥有宝物，最终准会灭亡。"

康公没有献出那三个女子，只一年，共王就把密国灭了。共王逝世

周本纪第四

后,他的儿子懿王囏(jiān)登位。懿王在位的时候,周王室衰落了,诗人们开始作诗讥刺。

懿王逝世,共王的弟弟辟方登位,这就是孝王。孝王逝世后,诸侯又拥立懿王太子燮(xiè),这就是夷王。夷王逝世后,儿子厉王胡继位。厉王在位第三十年,贪财好利,亲近荣夷公。

大夫芮(ruì)良夫规谏厉王说:"荣公喜欢独占财利,岂不知财利是天地自然共同拥有的,谁想独占就会触怒众人。君主治理国家,应该使神、人、万物都能得到所应得的一份,即使这样,还要每日小心警惕,恐怕会招来祸患。"

他继续说:"《诗经》说:'后稷大美德,功高配天地。种谷养万民,百姓归顺你。'《大雅》说:'周朝广施恩泽,百姓支持周朝。'而如今,君王却去学独占财利,这怎么行呢?普通人独占财利,尚且被人称为是强盗;您如果这样做,那归服您的人就少啦。荣公再被重用,周朝肯定要败亡的。"但厉王不听劝谏,继续重用荣公。

厉王暴虐无道,骄奢淫逸,国人都公开议论他的过失。召公劝谏说:"人民忍受不了您的政令了!"厉王发怒,找来卫国的巫师,让他来监视那些议论的人,发现有人议论就立即杀掉。这样一来,议论的人少了,可是诸侯也不来朝拜了。

厉王在位第三十四年,周朝的统治更加苛刻,以至于国人都不敢开口说话,路上相见时,也只能互递眼色

示意打招呼。厉王见此非常高兴,于是就告诉召公说:"我已经消除人们对我的议论,他们连话都不敢说了。"

召公说:"这是您把他们的话堵回去了。堵住人们的嘴,要比堵住流水更可怕。水蓄积多了,一旦决口,一定会伤害很多人;不让民众说话,道理也是一样。所以,治水的人开通河道,使水流通畅,治理民众的人,也应该放开让他们讲话。"

召公说:"天子治理国家,务必使士大夫献上讽喻朝政的诗篇,乐师献上反映民情的乐曲,史官献上可资借鉴的史书,百官可以直言进谏,平民要有畅通的渠道把自己的意愿转达给天子,同宗亲属要补察过失,乐师、太史要负责教诲,师、傅等年长者要经常告诫,然后天子细心斟酌,这样,国家的政令就不会偏差。"

召公接着说:"民众有嘴巴,就如同大地有山川、田地,财货器用、衣服粮食也就会生产出来。如果不让民众说话,缺乏交流,那还能维持多久呢!"厉王还是不听劝阻。过了三年,民众就开始造反,袭击厉王。厉王逃到彘(zhì)。

太子静藏在召公家里,国人知道后就把召公家围了起来。召公说:"先前我多次劝谏君王,君王不听。如果现在太子被杀了,君王就会以为我对他有成见而嫉恨。待奉国君的人,即使遇到危险也不该怨恨;即使怨恨也不该发怒,更何况待奉天子呢?"于是用自己的儿子代替了王太子,王太子才免遭杀害。

由于厉王出逃，太子年幼，召公、周公共同辅佐管理朝政，号称"共和"。共和十四年（前828年），厉王死在彘地。太子静已在召公家长大成人，二人就立他为王，这就是宣王。宣王即位后，由周召二人辅佐，修明政事，继承文王、武王、成王、康王的遗风，诸侯又都尊奉周王室了。

籍（jiè）田千亩，是专供天子带头亲耕，以示重农的田地，宣王却不去籍田劳动和管理。虢文公劝谏，但宣王不听。前789年，即宣王三十九年，千亩发生战争，宣王的军队被姜戎打得大败。

宣王丢掉了南方江、淮一带的军队，就在太原清点人口以备征兵。仲山甫劝谏说："人口是不能清点的。"宣王不听劝阻，最终还是清点了。

宣王四十六年（前782年），宣王逝世，他的儿子幽王宫湦（shēng）继位。幽王二年（前780年），西周都城和附近泾水、渭水、洛水三条河的地区都发生了地震。伯阳甫说："周快要灭亡啦。天地间的阴阳之气不应该没有秩序。如今到了这种地步，国家不灭亡还等待什么！"

伯阳甫还说："从前，伊水、洛水干涸夏朝就灭亡了；黄河枯竭商朝就灭亡了。如今周的气数也像夏、商两代末年一样了，国家的灭亡用不了十年了。"这一年，果然三川枯竭了，岐山崩塌了。

幽王的太子叫宜臼，宜臼的母亲是申侯的女儿，是幽王的王后。幽王三年（前779年），幽王和褒姒生了个儿子叫伯服。由于幽王溺爱褒姒，就想废掉申后和太子宜臼，好让褒姒当王后，伯服做太子。太史伯阳感慨地说："祸乱已经造成了,没有办法挽回了!"

褒姒不爱笑,幽王为了博得褒姒一笑,就采取各种办法让她开心,但褒姒仍然不笑。于是幽王就设置了烽火、狼烟和大鼓,并点燃了烽火,让诸侯带兵救驾。诸侯兵马赶到之后却不见敌寇,很是茫然。但褒姒看见被戏谑的诸侯后却呵呵地笑了,幽王看到褒姒笑了感到很高兴,因而又多次点燃烽火。诸侯们因被戏弄就渐渐地再也不来了。

周幽王任用虢(guó)石父为卿当政,石父奸诈狡猾,贪图财利,阿谀奉承,欺压百姓,国人十分怨恨。

幽王废掉申后和太子后,申侯很气愤,联合缯(zēng)国、犬戎一起攻打幽王。幽王点燃烽火召集诸侯救驾,但却没有诸侯前来。

申侯在骊山下杀死幽王,然后抓走了褒姒,夺取了周的财宝而去。于是诸侯都跟随申侯,共同立幽王从前的太子宜臼为王,这就是平王。

平王即位之后,把国都迁到东都洛邑(今洛阳),以躲避犬戎的侵扰。从平王开始,周王室不断衰落,各诸侯以强并弱,齐国、楚国、秦国、晋国

势力不断强大,一切政事都要由各方诸侯首领商决。

平王四十九年(前 722 年),鲁隐公即位。平王在位五十一年(前720 年)去世。因太子泄父(fù)死得早,就立了泄父的儿子林为王,是为桓王。

桓王三年(前 717 年),郑庄公前来朝见,桓王没有按礼节接待他。桓王五年(前 715 年),郑国因怨恨桓王,就把天子用来祭祀泰山的专用地"许地"和鲁国进行了调换。八年(前 712),鲁杀隐公,立桓公。

桓王十三年(前 707 年),周桓王伐郑国,郑人祝聃(dān)射伤了桓王的肩膀,桓王就撤走了。桓王二十三年(前 697 年),桓王去世,儿子庄王佗(tuó)即位。庄王四年(前 693 年),周公黑肩想杀掉庄王拥立庄王的儿子王子克为王。辛伯把这个消息报告给庄王,庄王杀掉周公黑肩,王子克逃往燕国。

十五年(前 677 年),庄王去世。儿子釐(xī)王胡齐即位。釐王三年(前 679 年),齐桓公开始称霸诸侯。五年(前 677 年),釐王去世,儿子惠王阆即位。

惠王二年(前 675 年)。大夫边伯等五人以惠王即位后夺了大臣的园林作为自己豢养牲畜的场所为由做乱,他们召集燕国、卫国的军队,攻打惠王。惠王逃到温邑,后来又住到郑国的栎(lì)邑去了。

边伯等人就拥立釐王的弟弟颓为王,并奏乐,表演各种歌舞以示庆贺。郑国、虢国对此十分恼火。四年(前 673 年),郑国和虢国联合发兵讨伐,杀死了周王颓,又把惠王护送回朝廷,惠王十年(前 667 年),赐封齐桓公为诸侯首领。

惠王二十五年(前652年),惠王逝世,儿子襄王郑即位。襄王的母亲早已去世。继母就是惠后。惠后生了叔带,很受惠王的宠爱,襄王对叔带很不放心。

襄王三年(前649年)叔带阴谋联合戎国、翟国攻打襄王。襄王发觉后想要杀掉叔带,叔带逃到了齐国。齐桓公派管仲去劝说戎和周讲和,派隰(xí)朋去劝说戎和晋讲和。

襄王以上卿的礼节接待管仲。管仲辞谢道:"我身为下卿,只是个一般官吏,齐国还有天子亲自任命的两位大臣上卿国氏和高氏在,如果他们届时觐见天子,您将以怎样的礼遇接见他们呢?我以天子和齐桓公的双重臣子的身份冒昧地辞谢您的厚爱。"

襄王说:"你是我舅父家的使臣,我赞赏你的功绩,请不要拒绝我的好意。"管仲最终还是接受了下卿的礼节,然后回国了。惠王九年(前643年),齐桓公逝世。襄王十二年(前640年),叔带又返回到周朝。

襄王十三年(前639年),郑国攻打滑国。周襄王派游孙、伯服为滑说情。郑文公怨恨惠王被护送回朝廷之后,送给虢公酒器玉爵而不送给郑厉公,又怨恨襄王帮助卫国和滑国,所以就拘禁了游孙和伯服。襄王对此十分气愤,指示翟国去攻打郑国。

富辰劝谏襄王说:"周东迁的时候,我们依靠的是晋国和郑国的力量,子颓叛乱,又是依靠郑国才得以平定,如今我们不能因为一点小怨

恨就翻脸抛弃它啊。"襄王不听劝阻。襄王十五年（前637年），襄王派翟国的军队前去攻打了郑国。

襄王感激翟人，准备把翟王的女儿立为王后。富辰又劝谏说："平王、桓王、庄王、惠王都曾受到郑国的好处，君王您抛开同姓之亲的郑国而去亲近翟国，这样做实在不可取。"襄王仍是不听。

襄王十六年（前636年），襄王又罢黜了翟后，翟人前来诛讨，杀死了周大夫谭伯。富辰说："我屡次劝谏君王，君王都不听，如今到了这个局面，我若不出去迎战，君王就会以为我在怨恨他呢！"于是就带领着他的部从与狄人作战，结果战死。

惠后因为想立王子叔带为太子，所以在战争中派人给翟人做先导，翟人这才攻进了周都。襄王逃到郑国，郑国把他安置在汜（fán）邑。子带立为王，娶了襄王罢黜的翟后，并和她一起住在温邑。

襄王十七年（前635年），襄王向晋国告急，晋文公把襄王护送回朝，杀死了叔带。襄王就赐给晋文公玉珪、香酒、弓箭，让他担任诸侯的首领，并把河内的地盘赐给晋国。

襄王二十年（前632年），晋文公召见襄王，襄王前往河阳、践土与他相会，诸侯都前去朝见，史书《春秋》因避讳以臣召君之事，就写成了"天王到河阳巡视"。

襄王二十四年（前628年），晋文公逝世。三十一年（前621年），秦穆公逝世。三十二年（前620年），周襄王逝世。儿子顷王壬臣即位。顷王六年（前613年），顷王逝世，儿子匡王班即位。匡王六年（前607年），匡王逝世，他的弟弟瑜登位，这就是周定王。

定王元年(前606年),楚庄王征伐陆浑地方的戎族,军队驻扎在洛邑,楚王派人询问九鼎的大小轻重。定王命王孙满用巧妙的辞令应付了他,楚兵这才离去。

定王十年(前597年),楚庄王包围了郑国,郑伯投降,不久又恢复了郑国。定王十六年(前591年),楚庄王去逝。定王二十一年(前586年),定王逝世,儿子简王夷登位。简王十三年(前573),晋人杀了他们的国君厉公,从周迎回了子周,立他为悼公。

简王十四年(前572年),简王逝世,儿子灵王泄心登位。灵王二十四年(前548年),齐国的崔杼杀了他们的君王庄公。

灵王二十七年(前545年),灵王逝世,儿子景王贵即位。景王十八年(前527年),太子英年早逝。景王二十年(前525年),景王喜爱子朝,想立他为太子,但这时景王逝世了。

子丐的党徒和子朝争夺王位,朝臣拥立长子猛为王,是为悼王。但子朝功杀了猛,自立为王。这时晋人立丐为敬王,并开始攻打子朝。

敬王元年(前519年),晋人护送敬王回朝。因子朝已自立为王,敬王不能进入国都,就居住在泽邑。敬王四年(前516年),晋率领诸侯把敬王护送回周,子朝做了臣子,诸侯给周修筑了都城。

敬王十六年(前504年),子朝又起来做乱,敬王逃奔到晋国。敬王十七年(前503年),晋定公终于把敬王护送回周了。

敬王三十九年(前481年),齐国田常杀了他们的国君简公。敬王四十一年(前479年),楚灭掉了陈国。孔子在这一年去世。

敬王四十二年(前478年),周敬王逝世,儿子元王仁即位。元王八年(前469年)逝世,儿子定王介即位。定王十六年(前453年),韩、赵、魏三家消灭了智伯,瓜分了他的土地。

定王二十八年（前441年），定王逝世，长子去疾即位，是为哀王。哀王登位三个月，他的弟弟叔袭杀了哀王，自己登上王位，是为思王。思王登位五个月，他的小弟弟嵬（wéi）攻杀思王自立为王，是为考王。这三个王都是定王的儿子。

考王十五年（前426年），考王逝世，儿子威烈王午即位。考王去世前又把他的弟弟封在河南，这就是桓公，他承继周公这个官位。桓公死后，儿子威公继任。威公死后，儿子惠公继任，惠公把他的小儿子封在巩地以护卫周王，号为东周惠公。

威烈王二十三年（前403年），九鼎震动。这一年，周王命韩、魏、赵为诸侯。威烈王二十四年（前402年），威烈王逝世，儿子安王骄即位。这一年，觊觎王权的盗贼杀了楚声王。

安王即位二十六年（前376年），安王逝世，儿子烈王喜即位。烈王二年（前374年），周太史儋（dān）拜见秦献公说："当初周和秦是合在一起的，后来分开了，分开五百年之后又合在一起，合在一起十七年后，将会有一人称霸天下。"

烈王十年，周烈王逝世，他的弟弟扁登位，这就是显王。显王五年（前364年），祝贺秦献公，献公称霸。显王九年（前360年），显王又送上了祭祀文王、武王的胙（zuò）肉给秦孝公。显王二十五年（前344），秦在周国与诸侯会盟。

显王二十六年（前343年），周王把诸侯之长方伯这个名称送给秦孝公。三十三年（前336），祝贺秦惠王。三十五年（前334），又送上了祭祀文王、武王的胙肉。四十四年（前325年），秦惠王称王。自此以后，诸侯都各自称王了。

显王四十八年（前321年），周显王逝世，儿子慎靓（jìng）王定即位。慎靓王在位六年逝世，儿子赧（nǎn）王延即位。赧王在位时，东周、西周各自为政。赧王把国都迁到了西周。

西周武公的太子共死后，武公没了嫡子，只有五个庶出的儿子。立谁为太子呢？司马翦(jiǎn)就对楚王说："不如用土地资助公子咎，替他请求立为太子。"

左成说："不行。如果我们用土地资助了公子咎，而周却不听我们的，您的主意就落空了。这样，我们与周的交情也就疏远了。不如先去问问周君的意思，然后悄悄地告诉给翦，再让翦去楚国资助给他土地。"结果，西周真的立公子咎为太子。

周赧王八年(前307年)，秦攻打宜阳，楚派兵去援救。而楚国以为周是帮助秦国的，所以想攻打周。为了避免周被攻打，苏代去游说楚王。

苏代说："您怎么知道周会帮秦国呢？说这话的人是想孤立楚国，让周投到秦国方面去啊。如果人们都说周、秦比较亲近，那么即使周不帮秦，也解脱不了别人的怀疑，最终就必定投向秦国一方。这真是帮助秦国取周的妙计呀。"

苏代说："如果有人真的想为大王着想，那就应该让大王您善待于周。周不帮助秦，您善待于周；周帮助秦，您仍然要善待于周。这样，长此以往，才能使周与秦疏远。周与秦绝了交，就一定会投向楚国郢都的。"

秦向东周和西周借道，想通过两周之间的地区去攻打韩国，周担心借了会得罪韩，不借又会得罪秦。于是，史厌让周君派人对韩公叔说："秦国敢穿过周地去攻打韩国，是由于信任东周。您若给周一些土地，并派出人质

前往楚国,秦国一定会怀疑楚国,不相信周君了。这样,秦国也就不会攻打韩国了。"

　　史厌又对周君说:"您再派人去对秦国说:'韩国非要给周一些土地,想以此来让秦国怀疑周君,周不敢不接受。'秦国也没有不让周接受韩国土地的理由了。这样,就既得到了韩的土地,又是听命于秦国呀。"

　　秦国召见西周君,西周君不愿意去,就派人对韩王说:"秦国召见西周君,他是想攻打大王的南阳,大王为什么不派兵驻守南阳?周君将以此为借口不到秦国去。周君不到秦国去,秦国就一定不敢渡河来攻打南阳了。"

　　东周和西周发生了战争,韩国派兵去救援西周。有人为东周游说韩王说:"西周原先是天子的国都,有许多钟鼎宝器和贵重的宝物。您如果按兵不动,不但可以让东周感激您,而且还可以尽得西周的宝物。"

　　楚国包围攻打韩国的雍氏,韩国向东周要兵器和粮草备战,东周君有些害怕,就把苏代召来商议。苏代说:"您何必为这件事担忧呢!我能使韩国不向东周要兵器和粮草,又能让您得到高都。"周君说:"你如果能办到,我可以把国政交给你。"

　　苏代召见了韩相国公仲侈,他说:"楚国包围了雍氏,原来计划三个月破城,如今已经五个月了还没攻下来,这说明楚兵已经疲惫了。现在您向周要兵器粮草,就等于给楚国说你们韩国也疲备了。"

　　韩相国说:"您说得对。可是使者已经派出去了。"苏代于是说:"为什么不把高都送给周呢?"韩相国听后大怒,说:"我不向周要兵器粮草已经够意思了,为什么还要把高都送给周呢?"

　　苏代说:"把高都送给

周,周就转过来投向韩国了,秦国听了一定很恼火,怨恨周,就会与周断绝往来。这样就等于拿一个小小的高都换来一个完整的周。为什么不给呢?"韩相国说:"好!"果然把高都送给周了。

周赧王三十四年(前281年),苏厉对周君说:"秦攻克了韩国、魏国,打败了魏将师武,攻取了赵的蔺、离石二县,这些都是白起所为。白起这个人善于用兵,又得上天佑助,而今他又带兵出伊阙塞去攻打梁国,如果梁国被攻破,那么周就危险了。您为什么不派人去劝说白起呢?"

苏厉说:"您可以对白起说:'楚国有个人叫养由基,他善于射箭,百步之外射柳树叶仍能百发百中。左右观看的好几千人都说他箭射得好,可人群中一个汉子说他可以教养由基射箭。养由基很生气,于是扔掉弓,握住剑,质问那人怎么教?"

那个人说:"我并不是教你怎么伸臂曲身,怎样拉开弓弦,我是说一个人在百步之外射柳叶仍能百发百中,如果不在射得最好的时候停下来,过一会儿力气小了,身体累了,箭射出去就不直了。只要有一发射不中,那么一百发就全部作废了"。

苏厉继续说:"如今,您攻克了韩国、魏国,打败了师武,往北攻取了赵国的蔺、离石二县,您的功绩是很大了。现在您又带兵出伊阙塞,过东西两周,背对韩国,攻打梁国,这一次如果打不胜,就会前功尽弃。您不如假称有病,不要出伊阙塞去攻打梁国了。"

周赧王四十二年(前273年),秦国攻破了魏国的华阳。周大臣马犯对周君说:"请允许我去让梁国给周筑城。"他去对梁王说:"周王病了,如果他真的死了,我也一定活不成。请让我把九鼎献给大王,您拿到了九鼎之后希望能想办法救我。"

梁王说:"好!"于是给了他一批士兵,声称是去保卫周。马犯又去对

秦王说："梁并非是想保卫周，而是要攻打周。您可以派兵到国境去看看。"秦果然出兵。

马犯又去对梁王说："周王病好了，九鼎的事没有办成，请您让我在以后找适当的机会再献九鼎吧。但是现在您已经派兵到周去了，诸侯都怀疑您要伐周，以后您做事将不会有人相信了。不如让那些士兵为周筑城，借此把诸侯怀疑您要伐周的事遮掩住。"梁王说："好。"于是就让那些士兵给周筑城。

周赧王四十五年（前270年），周君的秦国宾客对周㝠说："您不如称赞秦王的孝道，趁便把应地献给秦国作为太后的供养之地，秦王一定很高兴，这样您和秦国就有了交情。交情好了，周君一定认为这是您的功绩；交情不好，劝周君归附秦国的人一定会获罪。"

秦去攻打周，周㝠对秦王说："如果为大王您考虑，那就不要去攻打周。攻打周，没有太多的利益，只会留下让天下人害怕您的恶名。同时，诸侯会因您的恶名而联合东边的齐国抗秦。您的

军队打得疲惫了，而天下都去与齐联合，秦国就称不了王了。如果秦国和诸侯都疲惫了，那样您的教命就不会在诸侯面前行不通了。"

周赧王五十八年（前257年），韩、赵、魏三国联合抗秦。周派相国前往秦国，途中考虑到这样会受到秦国的轻视就半途而返。有人对相国说："秦国轻视您还是重视您目前还难以预料，但秦想要了解三晋的实情却是真的。"

这人说："您不如以给秦王打探三晋虚实的名义去见秦王，秦王一定会重视您。秦王重视您，就表明秦重视周，周因此也取得了秦国的信任。至于齐国对周的重视，早就有周最和齐国联络好了。这样，周就可以永远不会失去与强国的交情。"秦信任周了，就会发兵去攻打韩、赵、魏三国。

周赧王五十九年（前256年），秦攻取了韩国的阳城负黍，西周很害怕，就背叛了秦国，与东方各诸侯相联合，出伊阙塞去攻打秦国，使秦国与阳城之间无法相通。秦昭王很生气，派将军摎（jiū）攻打西周。

西周君跑到秦国，叩头认罪，把全部三十六邑三万人口都献给了秦王。秦接受了西周君献的人口、土地，就让他又回到西周去了。

周君、王赧逝世后,周地的民众就向东方逃亡。秦夺取了周室的九鼎和其他珍宝器物,又把西周公迁到狐。此后七年,秦庄襄王灭掉了东周。东西周就全都归属于秦了,周朝的祭祀从此断绝。

太史公说:"学者们一般都认为武王灭纣后定都洛邑,但实际情况并非如此,武王筹划营建洛邑,成王让召公占卜后把九鼎放在了那里,而周都当时并没有从丰邑、镐京东迁,犬戎打败幽王后,周都才迁到了洛邑。'周公葬于毕'的说法就是例证,毕在镐京东南的杜中。秦灭周到汉兴九十余年后,天子到泰山封禅,东巡到河南时得知周的后代还在,就给周的后代嘉封了三十里土地做食邑,让他享受列侯待遇,继承祖先的祭祀。嘉封号是周子南君。"

秦本纪第五
人物像

文公

夷吾

襄公

缪公

重耳

秦本纪第五

秦人的祖先叫女修,女修是颛顼帝的后代孙女。在一个阳光明媚的春日,女修正在忙碌着编织,突然,一只燕子飞掠而过,在她身前落下了一颗燕卵。女修欢喜地把它噙在了嘴里,可一不小心就把它吞了下去,于是她怀孕了,并生下了大业。

大业娶了少典部族的女儿女华,女华生下大费。大费随大禹治理水土有功,舜帝在赏赐大禹的同时,也赏赐给大费一面黑色的旌旗,并预言大费的后代将来一定会兴旺发达。出于对大费的关心,舜帝还把一个姚姓美女赏赐给他做妻子。大费就是柏翳(yì),柏翳后来给舜帝驯养禽兽,舜帝赐他姓嬴。

大费生有两个儿子,一个名叫大廉,就是鸟俗氏;另一个叫若木,就是费氏。费氏的玄孙叫费昌,费昌的子孙有的住在中原,有的住在夷狄。费昌生活在夏桀时期，他弃夏归商，给商汤驾车，帮助商汤在鸣条打败了夏桀。

大廉的两个玄孙叫孟戏、中衍，他们长着鸟一样的身子，但却说着人的语言。太戊帝占卜后就让他们给自己驾车，还给他们娶了妻子。自太戊帝以后，中衍的后代子孙都辅佐殷商，而且很有功劳，所以嬴姓的子孙大多显贵。再后来他们就成了诸侯。

中衍的玄孙叫中潏（jué），中潏住在西部戎族地区，为殷商保卫西部边疆。中潏生了蜚（fēi）廉。蜚廉生了恶来。恶来力气大，蜚廉善奔跑，父子俩凭着自己的能力事奉殷纣王。

武王伐纣时杀死了恶来，蜚廉由于当时为纣王出使北方免遭一死。蜚廉回来后纣王已死，他就在霍太山筑起祭坛祭祀纣王，向纣王的亡魂报告出使情况。他在

祭祀时见到了一幅石棺，石棺上刻有这样的字："天帝不让你参与殷朝的灾乱，赐给你一口石棺，以光耀你的家族。"蜚廉死后就葬在了霍太山。

蜚廉有个儿子叫季胜，季胜的儿子叫孟增，孟增就是宅皋狼，宅皋狼在周成王时代受到宠幸。皋狼生了衡父，衡父生了造父。造父因善于驾车而得到周缪王的宠幸。周缪王得到了四匹宝马，宝马的名字分别叫骥、温骊、骅（huá）骝（liú）、騄（lù）耳。造父驾驭着这驷马豪车，载着缪王到西方巡视，缪王到西方后乐而忘返。

徐偃王作乱时造父给缪王驾车，造父快马加鞭，驾车日行千里，为缪王赢得了战争的主动。叛乱平息后缪王论功行赏，把赵城封给了造父，造父族人以城为姓，从此姓赵氏。晋国大夫赵衰（cuī）就是他的后代。

恶来也是蜚廉的儿子，他去世的早，留下个儿子叫女防，女防生旁皋，旁皋生太几，太几生大骆，大骆生非子。他们都蒙恩住在赵城，姓赵。

非子居住在犬丘，他喜爱牲畜，尤其善于饲养马，犬丘人把这事告诉了周孝王，孝王就召见了非子，让他在汧（qiān）河、渭河之间管理马匹。非子管理牲畜十分精心，马匹大量的繁殖，孝王于是就想让非子做大骆的继承人。

申侯的女儿是大骆的妻子，她生了儿子成。申侯于是对孝王说："从前，我的祖先骊山部落之女嫁给了西戎族胥轩，生了儿子中潏，中潏归附了周朝，给周朝守卫西部边境，西部因而太平。现在我又把女儿嫁给大骆，她生下儿子成，成是大骆的嫡长子。由于我们与大骆的联姻，西戎各部才得以归顺，您才能安心称王。请考虑让成做大骆的继承人吧。"

孝王说："从前伯翳管理牲畜有功，舜帝就封给他土地，赐给他姓氏，他成了嬴姓的祖先。现在他的后代驯马有功，我也应该赐封给他土地吧。"孝王于是把秦地赐封给非子，让非子接管嬴氏的祭祀，称秦嬴。但孝王同时并没有改变申侯女儿的儿子做大骆继承人的祖规，他希望这样做能够继续保持与西戎的关系。

秦嬴生了秦侯，秦侯在位十年去世。秦侯生公伯，公伯在位三年去世。公伯生秦仲，秦仲即位三年，周厉王昏庸无道，有的诸侯这时就背叛了他。西戎族乘机进攻，灭了犬丘大骆的全族。周宣王即位后任用秦仲做大夫讨伐西戎，西戎杀掉了秦仲。秦仲总共承袭了二十三年侯位。

秦仲有五个儿子，大儿子叫庄公。周宣王召见了庄公兄弟五人，让

他们率领七千兵卒讨伐西戎,他们作战勇敢,打败了西戎。周宣王于是再次赏赐了秦仲的子孙,并把祖先大骆的封地犬丘划归他们管理,任命他们为西垂大夫。这时庄公仍居住在他的故地西犬丘。

庄公有三个儿子,长子叫世父。世父说:"西戎杀了我祖父秦仲,不杀死戎王我决不回家。"他率兵去攻打西戎,把继承人的位置让给了弟弟襄公,襄公做了太子。庄公在位四十四年去世,太子襄公继位。

襄公元年(前777年),襄公把妹妹缪嬴嫁给了西戎丰王。襄公二年(前776),西戎包围了犬丘,世父率兵反击,但被西戎俘虏。一年后西戎又放回了世父。

七年(前771年)春,周幽王因宠爱褒姒(sì)而废了太子宜臼,立褒姒所生的儿子伯服为继承人。幽王甚至为求得褒姒一笑,多次点燃烽火戏弄诸侯,诸侯们因此背叛了他。

犬戎看到这种情况后大喜,就联合申侯向周朝发起了进攻,他们在郦山下杀死了周幽王。秦襄公闻讯后急忙率兵营救,赶走了犬戎。此后周平王继位,平王为躲避犬戎的骚扰,就把都城迁往洛邑。当时秦襄公亲自带兵护送了周平王。周平王为感谢秦襄公的护驾,就封襄公为诸侯,把岐山以西的土地赐给了秦襄公。平王说:"西戎不讲道义,侵夺我岐山、丰水之地,秦国如果能赶走西戎,这块土地就归秦国所有。"

十二年(前766年),秦襄公在岐山去世,文公继位。文公四年(前762年),文公到达汧、渭两河的交会处,他认为周王当初把这里赐给他

的祖先秦嬴做封邑，后来他们就成了诸侯，说明这块地方风水很好，决定在这里营造城邑。十年（前756年），他们在这里建造了祭天地的鄜（fū）畤；十三年（前753年），秦设立史官记事，百姓大多受到教化。

十六年（前750年），文公讨伐西戎，西戎败逃，秦的地盘就扩展到了岐山，他把岐山以东的土地献给了周。十九年（前747年），秦国得到一块名叫"陈宝"的陨石。二十年（前746年），秦制定了诛灭三族的刑罚。二十七年（前739年），秦人砍伐南山的大梓树时，梓树中窜出一头大青牛逃入了丰水。

四十八年（前718年），文公的太子去世，谥号为竫（jìng）公，竫公的长子被立为太子。五十年（前716年），文公去世，竫公的儿子宁公即位。宁公二年（前714年），宁公迁到平阳居住，这一年秦国征伐了荡社。三年（前713年），秦与西戎的亳（bó）部落作战，亳王逃往西戎，秦国灭了荡社。四年（前712年），鲁公子翚（huī）轨弑鲁隐公。十年（前706年），宁公讨伐荡氏取得胜利。

宁公从十岁开始继位，在位十二年（前704年）去世，死后葬在了西山。宁公有三个儿子，长子武公被立为太子。武公与弟弟德公为同母兄弟，与出子为异母兄弟，出子是宁公的小妾鲁姬子所生。宁公去世后，大庶长弗忌、威垒和三父废掉了太子，立出子为君。出子五岁即位，在位六年（前698年）时被三父等人杀害，三父等人又立了原太子武公为君。

武公于其元年（前697年）讨伐了彭戏氏，当时他来到了华山脚下，住在了平阳封宫。三年（前695年），武公杀了三父等人，并灭了他们的三族，原因是他们杀了出子。郑国的高渠眯在这年杀了他的君主郑昭公。十年（前688年），武公攻打邽、冀两地的戎族，秦开始在杜、郑两地设县。这年武公灭了小虢（guó）。

二十年（前678年），秦武公去世，葬在了雍邑平阳。从这时起，秦国开始用人殉葬，当时给武公殉葬的人就有六十六人。武公的儿子叫白，白被封在了平阳，他没有继承君位，武公的弟弟德公继武公之后做了国君。

德公元年（前677年），德公住进雍城的大郑宫，他用牛羊猪各三百头祭祀了天地。德公在雍城进行了占卜，卜辞说："子孙将饮马黄河；梁伯、芮（ruì）伯会来朝见。"二年（前676年），秦在历法中设立了伏日；杀狗用来祭祀用以祛除热毒邪气。德公三十三岁即位，在位两年去世，生有三子：长子宣公，次子成公，少子穆公。长子宣公继位。

宣公元年（前675年），卫国、燕国联手讨伐周王，把周惠王赶出了朝廷，立惠王的儿子颓（tuí）为君主。四年（前672年），秦国修建了密畤。这年，秦在河阳打败了晋军。十二年（前664年），宣公去世。他的九个儿子都没能继位，他的弟弟成公继位。

成公元年（前663年），梁伯、芮伯朝见。成公在位四

年去世。他有七个儿子，但没有一个能够继位，他的弟弟缪（mù）公继位。缪公元年（前659年），缪公亲自率兵讨伐茅津。四年（前656年），缪公从晋国迎娶了晋太子申生的姐姐为妻。这年，齐桓公攻打楚国，一直打到了邵陵。

五年（前655年），晋献公送给虞君白玉和良马，以求借道伐虢，晋献公灭了虞国，后又灭了虢国，俘虏了虞君和他的大夫百里傒（xī）。晋国把百里傒用做秦缪公夫人出嫁时陪嫁的奴隶送到了秦国。百里傒逃离秦国后到了宛（yuān）地，后又在宛地被楚国人抓住了。

秦缪公听说百里傒很有才能，就想用重金为他赎身，让他到秦国辅政。但又担心楚国不同意，于是就派人对楚王说："我家的陪嫁奴隶百里傒逃到了楚国，我要用五张黑羊皮赎回他。"楚王听后就毫不犹豫地交出了百里傒，百里傒这时已经七十多岁了。百里傒号称为五羖（gǔ）大夫。

缪公跟百里傒谈论国事，百里傒推辞说："我是亡国之臣，哪有资格和您谈论国事呢？"缪公说："虞国国君不任用您，所以亡了国，这不是您的过失啊。"这样，百里傒才开始跟缪公交谈。三天后，秦缪公就非常高兴地让百里傒管理国政，百里傒说："我比不上我的朋友蹇（jiǎn）叔，蹇叔很有才能，可没人知道他啊。

"我游学求官时困在了齐国，无奈之下只好在铚（zhì）地讨饭吃，当时蹇叔收留了我，我于是就想侍奉齐国。蹇叔知道后坚决阻止，不让我到齐国谋求官职，我因而躲过了齐国的那场灾难。后来我又到了周，周王子颓喜爱牛，我就想凭借养牛的本领求取禄位，可蹇叔又劝阻了我，我离开了颓，终于没有和子颓一起被杀。

"我去侍奉虞君时蹇叔也曾劝阻过我，我虽然理解蹇叔的好意，知道

虞君不会重用我，但我实在太喜欢官爵和利禄了，因而就没有听蹇叔的话。我两次听了蹇叔的话就两次有幸躲过了灾难，一次没听蹇叔的话就遇到了遭擒受辱的灾难，因此我知道蹇叔很有才能。"缪公听后就派人带着重礼去迎请蹇叔，并让蹇叔做了上大夫。

秋天，秦缪公亲自带兵讨伐晋国，两军大战于河曲。同年，晋国骊姬制造内乱，太子申生被害，死在了新城，公子重耳、夷吾逃亡。九年（前651年），齐桓公在葵丘会盟诸侯。

晋献公去世，立骊姬的儿子奚齐为君，但臣子里克却杀了奚齐。荀息于是立卓子为君，里克又杀死卓子和荀息。夷吾派人请秦国帮他回晋国，缪公答应后派百里傒率兵护送夷吾。夷吾对秦承诺说："如果我回国后做了国君，我愿把河西八城送给秦国。"但他当上国君后却拒绝兑付承诺，不割让土地给秦国，还杀了当初给他做内应的大臣里克。

丕郑听到此事后对秦缪公说："晋国人实际上是想立重耳为君，我们送夷吾回国，晋国人并不支持他。夷吾违背对秦的诺言，并杀了里克，这都是吕甥、郤（xì）芮出的主意，请设法把吕甥、郤芮叫到秦国以消弱夷吾的力量，如果吕、郤两人到秦国后，我们就可以送重耳回国代替夷吾了。"缪公听后就派人与丕郑一起回晋国去叫吕甥、郤芮。吕、郤等人怀疑丕郑有诈，就让夷吾杀死了丕郑。

　　丕郑的儿子丕豹逃奔到了秦国，他对缪公说："夷吾无道，晋国人都反对他，请大王出兵讨伐。"缪公说："晋国人如果不拥护晋君，那晋君怎么能杀掉大臣呢？从夷吾杀死大臣这件事来看，晋国的上下关系还是协调的。"缪公表面上不听从丕豹的意见，但却在暗中重用他。

　　十二年（前648年），齐国管仲、隰朋去世。晋国大旱，请求秦国援助粮食。丕豹劝缪公不要给，并请求趁晋国荒歉之时去攻打它。公孙支说："荒年与丰年交替出现，哪个国家都有可能发生，不能不给啊。"百里傒说："夷吾得罪了您，可他的百姓有什么罪啊？"缪公于是决定支援晋国粮食。此后，秦国的粮食便源源不断地通过水陆两路从雍都运到了绛（jiàng）城。

　　十四年（前646年），秦国发生了饥荒，请求晋国援助粮食。晋君征求大臣意见，虢射说："秦国发生了饥荒，这正是我们攻打它的好时机。"晋君接受了他的意见，第二年便出兵攻打秦国。缪公让丕豹率军应战，自己亲自督战。

　　九月壬戌日，缪公与晋惠公夷吾在韩地交战，晋君丢下部队独自前冲，不料战车却陷入泥坑不能前行，缪公看到后纵马驱车追杀，但反被晋军包围。晋军攻击缪公，缪公身上多处受伤，形势十分危急。这时，曾在岐山偷吃缪公军马的三百多个百姓拼死冲向晋军，他们不但救出了缪公，还活捉了晋君。

　　当初，三百多岐山饥民分吃了缪公丢失的良马，官吏捕捉到他们后要严加惩处。缪公不但不让惩处，还说："吃了良马肉必须喝酒，不然人的身体就会受到伤害。"于是就赐酒给他们喝，并赦免了他们罪行。这些人听说缪公要去出征，就争相跟随，以报答缪公的恩德。

缪公俘虏了晋君，回到秦国后下令说："大家要斋戒独宿，我将用晋君的人头祭祀上天。"周天子听说此事后，认为晋君与他同姓，于是就替晋君求情。夷吾的姐姐是秦缪公的夫人，她听说此事后连忙穿上丧服，光着脚就去找缪公说情。

缪公夫人说："我不能挽救自己的兄弟，还要君上下命令杀死他，实在有辱于君上。"缪公说："我俘获了晋君，本以为成就了一件大事，可现在天子求情，夫人也为此事而忧愁。"于是就跟晋君订立了盟约，答应让他回国，并给晋君换了上等的房舍，还送给他牛羊猪各七头，以诸侯之礼相待。

十一月，秦国送晋君夷吾回国，夷吾献出了当初承诺给秦国的河西之地，并派太子圉（yǔ）到秦国作人质。秦国把同宗的公主嫁给了圉。这时，秦国的东部领土已扩展到了黄河。十八年（前642年），齐桓公去世。二十年（前640年），秦国灭了梁、芮二国。

二十二年（前638年），公子圉得知晋君生病了，心想："梁国（今陕西韩城少梁周边地区）是我母亲的家乡，现在被秦国所灭。我兄弟众多，如果父君百年后我还留在秦国，晋国就不会重视我了，一定会改立其他公子为君的。"子圉于是逃回到了晋国。二十三年（前637年），晋惠公去世，子圉即位为君。

秦君对子圉的逃跑十分恼恨，就从楚国接来了晋公子重耳，并把原来子圉的妻子嫁给了重耳。重耳推辞不受，但后来还是接受了。缪公十分厚待重耳。

二十四年（前636年）春天，秦国派人告诉晋国大臣说要送重耳回国。晋国答应后，秦国派人护送重耳回到了晋国。二月，重耳做了晋国国君，他就是晋文公。文公派人杀了子圉。子圉就是晋怀公。

这年秋天,周襄王的弟弟带勾结狄人攻打襄王,襄王出逃到了郑国。二十五年(前635年),周襄王派人向晋国、秦国通告了发生祸难的情况。秦缪公派兵协助晋文公护送周襄王回朝,并杀死了襄王的弟弟带。

二十八年(前632年),晋文公在城濮打败了楚军。三十年(前630年),缪公帮助晋文公包围了郑国。郑国派人对缪公说:"郑国一旦灭亡,晋国的势力就必然增强,那时晋国就会成为秦国的忧患。"缪公于是撤军,返回秦国。晋国也只好撤军。三十二年(前628年)冬,晋文公去世。

郑国有人对秦国说:"我掌管着郑国的城门,可以配合你们来偷袭郑国。"缪公就此事去问蹇叔和百里傒,两个人回答说:"路径数国,到千里之外去袭击别人,很少有人能占到便宜的。再说,既然有人出卖郑国,难道就没有人会把我们的实情告诉郑国吗?我们不能袭击郑国。"

缪公不听劝阻,派百里傒的儿子孟明视、蹇叔的儿子西乞术和白乙丙率兵出征攻打郑国。军队出发的那天,百里傒、蹇叔二人对着军队大哭,缪公生气地说:"我出兵作战,你们却拦着军队大哭,这是为什么?"

两位老人说:"为臣不敢阻拦大军,只是我俩年岁大了,儿子都在军中,如果他们回来晚了,恐怕就见不着我们了,我们因此哭泣啊。"二位老人又转身对他们的儿子说:"你们的部队如果失败了,失败的地点一定是在肴山要塞。"

三十三年(前627年)春天,秦军东进攻打郑国,经过晋国。大军经过周朝都城的北门,周的王孙满看到秦国军队后说:"秦军不懂礼仪,非打败仗不可!"秦军到达滑邑时碰见郑国商人弦高,弦高正赶着十二头牛准备去周朝都城出卖,他害怕被秦军杀害或成为俘虏,就主动把牛献给了秦军。

弦高对秦军说:"听说贵国要去讨伐郑国,郑君已做好了防守准备,还派我带了十二头牛来慰劳贵国将士。"秦国的三位将军商量说："我们偷袭郑国,可郑国已经知道,再去也无法袭击。"于是就灭掉了晋国的边境城邑滑邑。

当时晋文公去世后还未下葬,太子襄公听到这事后十分愤怒,他说："我父亲刚刚去世,秦国就攻破了滑邑,这是在趁我举办国丧之机欺侮我!"于是把丧服染成黑色,以方便行军作战,并发兵在肴山伏击秦军,秦军大败。晋军俘获了秦军的三位将军后返回都城。

晋文公的夫人是秦缪公的女儿,她替秦国的三位将军求情说："缪公对这三个人恨之入骨,希望您放他们回国,缪公一定会痛痛快快地把他们煮掉。"晋君答应了,就放了秦国的三位将军归国。

三位将军回国后,缪公穿着白色丧服亲自到郊外迎接,缪公哭着对他们说："寡人没有听从百里傒和蹇叔的话才让你们受了委屈,你们三个有什么罪呢?从今以后,你们要拿出百倍的勇气去洗雪前辱,不要松懈!"缪公恢复了三个人原来的官职俸禄,对他们更加恩宠。

三十四年(前626年),楚国太子商臣杀了他的父亲楚成王,接替了王位。秦缪公这时再次派孟明视等率兵攻打晋国,在彭衙交战。秦军作战不利,撤军返回。

由余的祖先是晋国人,后来逃亡到了戎地。因此,由余虽是戎人,但却能说晋国方言。戎王听说秦缪公贤明,就派由余去秦国观察。秦缪公向他炫耀着宫室的华丽及秦国积蓄的财宝。由余说："这些宫室和财宝,如果让鬼神去营造，那鬼神一定很劳累；如果让百姓去营造，那百姓也一定受苦了。"

缪公觉得这话很奇怪，于是问道："中原各国以诗书礼乐和严格的法律治国，国家尚且出现祸乱，戎族没有这些，用什么来治理国家，治理国家岂不更加困难？"由余笑着说："这些正是中原各国发生祸乱的根源啊。黄帝创造了礼乐法度，并亲自带头贯彻执行，也只实现了个小太平啊。到了后代，君主一天比一天骄奢，他们依仗着法律的威严来约束和监督民众，民众感到疲惫了就怨恨君王，要求实行仁义。君主和民众上下怨恨，相互攻杀，甚至灭绝家族，这都是由礼乐法度引起的啊。

"戎族却不是这样，在上位者怀着淳厚的仁德来对待下面的臣民，臣民满怀忠信来侍奉君上，整个国家的政事就像一个人支配自己的身体一样，无须什么法律礼仪来约束，这才是圣人治国的最高境界啊。"

缪公退朝后问内史王廖说："我听说邻国有了圣人，自己就会有忧患。现在由余有如此才能，这对我们来说可不是什么好事啊。我该怎么办呢？"王廖说："戎王处在边远偏僻之地，不曾听过中原美妙的乐曲，您不妨给他送些歌舞伎女试试，看能不能改变他的心志。您再设法让戎王批准由余延期返回，以此来疏远他们君臣之间的关系。"

王廖继续说："你要留住由余不让他回去，以此来延误他回国的时期，戎王就一定感到奇怪，因而就会怀疑由余。只要他们君臣之间有了隔阂，我们就可以俘获他了。再说，如果戎王喜欢上中原的音乐，那就一定没有心思处理国事了。"缪公说："好。"

缪公与由余入席坐定，他们互递杯盏，一块儿吃喝。缪公趁机询问

了戎地的风土民情、地形兵力，把情况了解清楚后，缪公命令内史王廖给戎王选送了十六名歌妓，戎王接受后非常喜爱和迷恋，整整一年不曾迁徙草地，牛马因而死去了一半。

这时，秦国才让由余回国。由余多次向戎王进谏，戎王根本听不进去，缪公又屡次派人秘密邀请由余，由余于是离开戎王，投降了秦国。缪公对由余非常尊敬，以宾客之礼相待，最终向他询问了进攻戎族的最佳时机。

三十六年（前624年），缪公派孟明等人率兵进攻晋国，秦军渡河后就焚毁了船只，以示与晋军决一死战。秦军大败晋国，夺取了王官和鄗（hāo）地，为殽山战役报了仇。缪公从茅津渡过黄河，为殽山战役中阵亡的将士修筑了坟墓，并发丧祭奠。缪公在这里痛哭了三天，向秦军检讨了自己不听百里傒等人劝阻的过错。

三十七年（前623年），秦国采用由余的计谋攻打戎王，增加了十二个属国，开辟了千里疆土，终于称霸西戎地区。周天子派召（shào）公过带着钲（zhēng）、鼓等军中指挥用的器物去向缪公祝贺。

三十九年（前621年），秦缪公去世，安葬在了雍地，当时有一百七十七人陪葬，奄息、仲行、针虎三位良臣也在其中。秦人对这三位大臣的无辜离去非常痛惜，作了题为《黄鸟》的诗篇对他们进行纪念。缪公的儿子有四十人，太子康公即位。

缪公去世的时候晋襄公也去世了。晋襄公的弟弟叫雍，母亲是秦国人，一直住在秦国。康公元年（前620年），晋卿赵盾想拥立雍为国君，就派随会来接他，秦国派兵把雍护送到了令狐（今山西临猗县境内）。因为晋国当时已立了襄公的儿子为君，所以就调兵攻打护送公子雍的秦军，秦军战败，随会逃奔到秦国。

二年（前619年），秦攻打晋国，占领了武城。四年（前617年），晋国攻打秦国，攻下了少梁。六年（前615年），秦国攻打晋国，攻占了羁马（今山西永济县境内）。秦晋两军在河曲交战，秦军大败晋军。晋人担心随会在秦国会给晋国造成威胁，就派魏雠（chóu）余诈称要叛晋降秦，并与随会共谋返回晋国，随会于是回到了晋国。

康公在位二十年去世，儿子共公继位。共公二年（前607年），晋国的赵穿杀了他的国君灵公。三年（前606年），楚庄王强大起来，向北进兵到了洛邑。当时楚国派人询问周朝传国之宝九鼎的大小，图谋夺取周朝的政权。共公在位五年去世，儿子桓公继位。

桓公三年（前601年），晋军打败秦军，俘虏了秦国的将领赤。十年（前594年），楚庄王征服了郑国，往北在黄河岸上又打败了晋军。这时楚国称霸，召集诸侯举行盟会。

公在位二十七年去世，儿子景公继位。

二十四年（前580年），晋厉公刚刚即位就与秦桓公订立了以黄河为界的盟约。桓公回国后就背弃了盟约，与狄人合谋攻打晋国。二十六年（前578年），晋国率领诸侯攻打秦国，秦军败逃，晋军一直追赶到泾水边上才返回。桓公在位二十七年去世，儿子景公继位。

景公四年（前573年），晋国的栾书杀死了他的君主厉公。景公十五年（前562年），秦军救援郑国，在栎（lì）邑打败了晋军。这时，晋悼公成为盟主。十八年（前559年），晋悼公强大起来，多次召集诸侯会盟，率领诸侯攻打秦国。秦军败逃，晋兵在后追赶，一直追到棫林才返回。

二十七年（前550年），秦景公到了晋国，与晋平公立约盟好，不久又违背了盟约攻晋。三十六年（前541年），楚国公子围杀了他的君主，自立为王，这就是楚灵王。

秦景公的同母兄弟后子鍼（zhēn）得宠，子鍼十分富有，有人诬陷他，他害怕被杀，就带着装有财物的千辆大车逃到了晋国。晋平公说："您这样富有为什么还要逃亡呢？"后子鍼回答说："秦君无道，我害怕被杀，想等到他的继承人即位后再回去。"景公在位四十年去世，儿子哀公继位，后子鍼又回了秦国。

哀公八年（前529年），楚国公子弃疾杀了楚灵王自立为王，这就是楚平王。十一年（前526年），楚平王来秦国为太子建迎亲。回到楚国后，平王见秦女长得漂亮，就自己娶了她。

哀公二十一年（前516年），吴王阖闾与伍子胥讨伐楚国，楚国大夫申包胥来秦国求援，他在秦国日夜哭泣，一连七天没有吃饭。于是秦国派兵车五百辆去救楚国，并打败了吴国军队，吴军撤走了，楚昭王才得以重返郢

都。哀公在位三十六年去世，他的太子夷公夭亡，夷公的儿子继位，是为惠公。

惠公元年（前 500 年），孔子代理鲁国国相职务。惠公在位十年去世，儿子悼公继位。悼公九年（前 482 年），晋定公与吴王夫差在黄池会盟，争做盟主，最终吴王夫差占了上风。吴国强大后不断欺凌中原各国。悼公在位十四年去世，儿子厉共公继位。孔子在悼公十二年去世。

厉共公二年（前 475 年），蜀人前来进献财物。十六年（前 461 年），在黄河旁挖掘壕沟。秦国出兵两万去攻打大荔国，攻占了大荔王城邑。二十一年（前 456 年），秦开始设置频阳县。三十三年（前 444 年），秦攻打义渠戎族，俘虏了戎王。三十四年（前 443 年），发生日食，厉共公去世，儿子躁公继位。

躁公二年（前 441 年），南郑邑反叛。十三年（前 430 年），义渠攻打秦国，大兵开到了渭南。十四年（前 429 年）躁公去世，弟弟怀公继位。怀公四年（前 425 年），庶长晁和大臣围攻怀公，怀公自杀。怀公太子昭子死得早，大臣们就拥立太子昭子的儿子为君，是为灵公。

灵公六年（前 419 年），晋国在少梁筑城，秦军攻打晋国。十三年（前 412 年），秦国在籍姑筑城。灵公去世，儿子献公没能继位，叔父悼子继位，他就是简公。简公六年（前 409 年），秦国允许官吏随身佩剑；在洛水边挖了防御壕沟；在重泉筑城。十六年（前 399 年），简公去世，儿子惠公继位。

惠公十二年（前388年），儿子出子出生。十三年（前387年），秦国攻打蜀国，占领了南郑。惠公去世，儿子出子继位。出子二年（前385年），庶长改从河西接回灵公的儿子献公，改立他为国君，杀了出子和他的母亲，并把他们的尸体沉入深渊。这一时期秦国君臣关系失和，君主更换频繁，晋国又开始强盛，夺去了河西之地。

献公元年（前384年），秦国废除了殉葬制度。二年（前383年），在栎阳筑城。四年正月庚寅日，秦孝公出生。十一年（前374年），周朝太史儋（dān）拜见献公说："周与秦本来是合在一起的，秦国后来分了出去，分开五百年后又要合在一起，合在一起十七年后，秦国将会有称霸天下的人出现。"

十六年（前369年），出现了桃树冬季开花的反常现象。十八年（前367），栎阳上空下了黄金雨。二十一年（前364年），秦国与魏国在石门交战，秦军杀了魏兵六万人，天子送来绣有花纹的礼服祝贺。二十三年（前362年），秦与魏在少梁交战，俘虏了魏将公孙痤。二十四年（前361年）献公去世，儿子孝公继位，这时孝公已经二十一岁了。

孝公元年（前361年），黄河与崤山以东出现了六个强国，秦孝公与齐威王、楚宣王、魏惠王、燕悼侯、韩哀侯、赵成侯并立争强。淮河、泗水之间有十多个小国。楚国、魏国与秦国接壤，魏国修筑长城，从郑县筑起，沿洛河北上，在北边据有上郡之地（陕西榆林东南）；楚国的土地从汉中往南，据有巴郡和黔中。

这时周王室进一步衰落，诸侯相伐，彼此争杀吞并。秦国地处偏僻的雍州，不参加中原各国的诸侯盟会，诸侯们象对待夷狄一样

对待秦国。孝公于是遍布恩惠,赈济孤寡,招募战士,明确法令,论功行赏,发兵东围陕城,西斩戎族獂(huán)王。

卫鞅听到秦孝公"宾客群臣有能出奇计强秦者,吾且尊官,与之分土"的命令后,毅然来到秦国,通过景监求见孝公。二年(前360),周天子给秦国送来祭肉。三年(前359年),卫鞅劝说孝公变法革新,他主张以法治国,内务农耕,外尚军功。

孝公认为卫鞅的办法很好,但甘龙、杜挚等人却持有不同意见,双方为此争辩不休。孝公最后采用了卫鞅的新法治国,但百姓对此十分抱怨。三年后,情况发生了很大变化,百姓反而觉得更适应新法。于是孝公任命卫鞅担任了左庶长。此事记载在《商君列传》里。

七年(前355年),孝公与魏惠王在杜平会盟。八年(前354年),秦国与魏国在元里(陕西澄城县南)交战取得胜利。十年(前352年),卫鞅任大良造,率兵包围了魏国安邑(山西夏县),安邑归服秦国。十二年(前350年),秦国修建了咸阳城,筑起了公布法令的门阙,秦都迁到咸阳。

秦国推行郡县制度,把各个小乡小村合并为大县,每县设县令一人,全国共设四十一个县;废除了井田制,鼓励开垦田地。这时,秦国东边的地界东边已经越过了

洛水。十四年（前348年），秦国开始制定新的赋税制度。十九年（前343年），天子赐予秦国霸主称号。二十年（前342年），各诸侯前来秦国祝贺。

秦国派公子少官与诸侯在逢泽会盟，朝觐天子。二十一年（前341年），齐国在马陵打败魏国。二十二年（前340年），卫鞅攻打魏国，俘虏了魏公子卬（áng）。秦孝公封卫鞅为列侯，号为商君。二十四年（前338年），秦国与魏军大战于雁门，俘虏了魏国将军魏错。这年秦孝公去世，太子惠文君继位，卫鞅被诛杀。

卫鞅施行新法时，太子触犯了禁令，卫鞅说："新法行不通，根本原因在于得不到国君亲族的支持，他们甚至带头抵制新法。国君如果真的要实行新法，就必须对太子严加处置！太子不能受刺面的墨刑，就让他的师傅代替受刑。"于是，秦国得到了大治。秦孝公去世，太子继位后，卫鞅就遭到了秦王宗亲的攻击。卫鞅逃跑后被抓，被定为反叛之罪，最后处以五马分尸之刑，在都城示众。

惠文君元年（前337年），楚、韩、赵、蜀国派人朝见秦王。二年（前336年），周天子前来秦国祝贺。三年（前335年），惠文君年满二十，举行冠礼。四年（前334年），天子送来祭祀文王、武王的祭肉。此年齐国、魏国称王。五年（前333年），阴晋人犀首做了大良造。

六年（前332年），魏国把阴晋（今陕西华阴市境内）送给了秦国，秦国把阴晋改名为宁秦。七年（前331年），公子卬与魏国作战，俘虏了魏将龙贾，斩杀魏国士兵八万。八年（前330年），魏国把河西之地送给了秦国。九年（前329年），秦军渡过黄河攻占了汾阴、皮氏。秦王与魏王在应邑会盟。秦军包围了焦城，焦城归降秦国。

十年（前328年），张仪做了秦相；魏国把上郡十五县送给秦国。十一年（前327年），秦国在义渠设县；把焦城、曲沃归还给魏国；义渠国君向秦王称臣；把少梁改名为夏阳。十二年（前326年），秦国效仿中原各国的做法，首次在十二月举行腊祭。

十三年（前325年）四月戊午日，魏君也称王，即魏襄王；韩君也称王，即韩宣惠王。秦君派张仪攻取了陕县，把那里的居民赶到了魏国。十四年（前324年），秦国改年号为后元元年。二年（前323年），张仪与齐国、楚国大臣在啮（niè）桑会盟。三年（前322年），韩国、魏国太子前来觐见；张仪担任了魏国国相。

五年（前320年），惠文王巡游到了北河。七年（前318年），乐池作了秦相；韩国、赵国、魏国、燕国、齐国同匈奴联兵攻打秦国。秦国派庶长疾与他们在修鱼交战，俘虏了韩国将军申差，打败赵国公子渴和韩国太子奂（huàn），杀敌八万二千人。八年（前317年），张仪再次担任秦相。

九年（前316年），司马错灭掉蜀国；秦国攻占了赵国的中都、西阳。十年（前315年），韩太子苍来秦国作人质；秦国攻占了韩国的石章；打败了赵国将军泥；攻占了义渠的二十五座城邑。

十一年（前314年），秦将樗（chū）里疾攻打魏国焦城，焦城投降；在岸门打败了韩军，杀敌一万人，韩将犀首逃跑；公子通被封为蜀侯；燕军把君位让给了他的大臣子之。十二年（前313年），秦王与梁王在临晋会盟；庶长疾进攻赵国，俘虏

了赵国将军庄;张仪任楚相。

十三年(前312年),庶长章在丹阳攻击楚国军队,俘虏了楚将屈丐,杀了楚军八万人;秦军攻入楚国汉中,夺取了六百里土地,在这里设置了汉中郡。楚军包围了韩国的雍氏;秦国派遣庶长疾帮助韩国攻打齐国,又派到满帮助魏国攻打燕国。

十四年(前311年),秦国攻打楚国,攻占了楚国的召陵。这年,戎族的丹国、犁国向秦国称臣,蜀相壮杀死蜀侯前来投降;惠王去世,儿子武王继位;韩国、魏国、齐国、楚国、赵国等归服秦国。武王元年(前310年),秦国与魏惠王在临晋会盟;秦杀了蜀相壮;张仪、魏章离开秦国,投奔了魏国;秦军攻打了义渠国、丹国、犁国。

二年(前309年),秦国开始设置丞相,樗里疾、甘茂分别担任左右丞相。这年张仪死在了魏国。三年(前308年),秦王与韩襄王在临晋城外会盟;南公揭去世,樗里疾担任韩国相。武王对甘茂说:"我想开一条小路到洛阳去,看看周王的都城是什么样,如果能这样,即使死了我也没有遗憾了。"秋天,便派甘茂和庶长封攻打宜阳。

四年(前307年),秦军攻占宜阳,斩首六万人,然后渡过黄河,在武遂筑城。这年魏国太子来秦朝见。秦武王很有力气,喜欢与人角力,所以大力士任鄙、乌获、孟说(yuè)等人都做了大官。武王和孟说举鼎比力气,折断了膝盖骨,八月,武王伤情恶化去世,孟说被灭族。

武王的王后是魏国人,她没有儿子,武王死后,武王的异母弟弟即位,是为秦昭襄王。昭襄王的母亲是楚国人,姓芈(mǐ),称为宣太后。武王死时,昭襄王在燕国做人质,燕国人送他回国,他才得以继

承王位。昭襄王元年(前306),严君疾担任了国相,甘茂离开秦国到魏国去了。

二年(前305年),秦国的天空出现了彗星;庶长壮和大臣、诸侯、公子因反叛被杀,这事牵连到了惠文王后,王后因此也不得善终。这年悼武王后离开秦国回到了魏国。三年(前304年),昭襄王举行了冠礼;他与楚王在黄棘会盟,把上庸还给了楚国。四年(前303年),秦国攻占了蒲阪。这年又出现了彗星。

五年(前302年),魏王来应亭朝见秦王,秦国把蒲阪还给了魏国。六年(前301年),蜀侯辉(huī)反叛,司马错平定了蜀国;庶长奂攻打楚国,杀了楚军两万人;泾阳君被抵押在齐国做人质;发生了日食现象,白昼有如黑夜一样昏暗。

七年(前300年),秦国攻占了新城。这年樗里子去世。八年(前299年),秦国派将军芈戎攻打楚国,攻战了新市;齐国派章子,魏国派公孙喜,韩国派暴鸢(yuān),联合进攻楚国的方城,俘获楚将唐眜;赵国攻破了中山国,中山国君出逃,死在了齐国;魏公子劲、韩公子长被封为诸侯。

九年(前298年),孟尝君薛文来到秦国当丞相;庶长奂攻打楚国,攻占了八座城池,杀了楚将景快。十年(前297年),楚怀王入秦朝见被扣留;薛文因金受谗言被免相职,楼缓做了秦国丞相。十一年(前296年),齐国、韩国、魏国、赵国、宋国、中山等五国攻打秦国,军队开到盐氏后就退了回去。

秦国把黄河北边及封陵的大片土地送给了韩国和魏国,与韩、魏两国盟约讲和;这一年彗星从天空划过;楚怀王逃到赵国,赵国不敢收留,让他回到了秦国,不久他就死在了秦国,秦国把他送回楚国安葬。十二年(前295年),楼缓被罢免相职,穰(ráng)侯魏冉担任国相;秦国送给楚国五万石粮食。

十三年(前294年),秦将向寿进攻韩国,攻占了武始;左更白起攻打新城;五大夫吕礼逃亡到魏国;任鄙担任汉中郡守。十四年(前293年),

左更白起在伊阙攻击韩国和魏国,斩首二十四万人,俘虏了公孙喜,攻克了五座城邑。十五年(前292年),大良造白起攻打魏国,攻占了垣城,后又还给了魏国;进攻楚国,占领了宛城。

十六年(前291年),左更错攻占了轵城和邓城;魏冉被免除丞相职务;公子市(fú)封于宛,公子悝(kuī)封于邓,魏冉封在陶,他们都成了诸侯。十七年(前290年),城阳君、东周国君先后来秦朝见;秦国把恒城改为蒲阪、皮氏;秦王到了宜阳。

十八年(前289年),左更错率兵攻打蒲阪、皮氏、河雍,摧毁了这里的桥梁后将其占领。十九年(前288年),秦昭王称西帝,齐闵王称东帝,不久都又取消了帝号;吕礼自己回到了秦国;齐国攻破宋国,宋王逃到魏国,死在温地。任鄙去世。二十年(前287年),秦王前往汉中,到了上郡、北河。

二十一年(前286年),左更错进攻魏国河内,魏国献出安邑。秦国赶走了城中的魏国居民,把秦国人迁到河东定居,并赐给他们爵位。此后秦国又把赦免的罪人迁到河东居住。二十二年(前285年),蒙武攻打齐国,在河东设置了九个县;秦王与楚王在宛城会盟,与赵王在中阳会盟。

二十三年(前284年),都尉斯离与韩国、赵国、魏国及燕国联手进攻齐国,在济水西岸打败了齐军;秦王与魏王在宜阳会晤,与韩王在新城会晤。二十四年(前283年),秦王与楚王先后在鄢城、穰城会晤;秦国攻取了魏国的安城,直逼魏国大梁,燕国、赵国援救,秦军撤离;魏冉被免去了丞相职务。

二十五年(前282年),秦国攻占了赵国两座城池;秦王与韩王在新城会晤,与魏王在新明邑会晤。二十六年(前281年),秦国赦免罪人,把他们迁往穰城;魏冉恢复丞相职位。

二十七年(前280年),左更错攻打楚国;秦国赦免了罪犯,把他们迁往南阳;白起攻打赵国,夺取了代地的光狼城;司马错从陇西出发,通过蜀地攻占了楚国的黔中。

二十八年(前279年),大良造白起进攻楚国,攻占了鄢城、邓城;秦国赦免罪犯,让他们迁住那里。二十九年(前278年),大良造白起进攻楚国,攻占了楚国郢都,秦把郢都改成了南郡,楚王逃跑;周君来到了秦国;秦王与楚王在襄陵会晤;白起被封为武安君。

三十年(前277年),秦国蜀守张若进攻楚国,夺取了巫郡和江南,把这里设置成了黔中郡。三十一年(前276年),白起攻打魏国,攻占了两座城邑;楚国人在江南反秦。

三十二年(前275年),丞相穰侯进攻魏国,攻势凌厉凶猛,一直攻到了大梁,打败了魏国大将暴鸢,斩杀魏国士兵四万人,暴鸢逃跑,魏国割让给秦国三个县请求讲和。

三十三年(前274年),客卿胡阳进攻魏国,攻占了魏国的卷城、蔡阳、长社。此后他又在华阳打败了芒卯,斩杀魏国士兵十五万人。魏国把南阳送给秦国请求讲和。三十四年(前273年),秦国把上庸给了韩国和魏国,并设立一个郡,让南阳地区免除罪行的臣民往那里迁居。

三十五年(前 272 年),秦国帮助韩国、魏国、楚国攻打燕国,开始设置南阳郡。三十六年(前 271 年),客卿灶进攻齐国,攻占了齐国的刚、寿两地,然后把刚、寿送给了穰侯。三十八年(前 269 年),中更胡阳进攻赵国的阏(yān)与,但未能攻下。四十年(前 267 年),悼太子死在了魏国,尸体运回国后葬在了芷阳。

四十一年(前 266 年)夏,秦国攻打魏国,攻占了邢丘、怀两地。四十二年(前 265 年),立安国君为太子;十月,宣太后去世,葬在芷阳郦山。九月,穰侯离开都城到陶地居住。四十三年(前 264 年),武安君白起攻打韩国,一连攻下了九座城邑,斩杀韩国士兵五万人。四十四年(前 263 年),秦国攻占了韩国的南阳。

四十五年(前 262 年),五大夫贲(bēn)攻占了韩国的十座城邑;叶阳君悝离开都城前往封国,没有到那里就死了。四十七年(前 260 年),秦国攻打韩国的上党,上党却投降了赵国,秦国因此去攻打赵国,赵国出兵反击秦军,两军相持不下。秦派武安君白起攻击赵国,在长平大败赵军,赵军四十多万降卒被活埋。

四十八年(前 259 年)十月,韩国向秦国献出了垣雍。白起率军回国;秦军分三路攻击韩、赵,兵力部署为:王龁(hé)攻打赵国的皮牢;司马梗向北攻打太原和韩国上党;五大夫陵于十月份攻打赵国的邯郸。四十九年(前 258 年)正月,秦国增兵支援五大夫陵,此后陵作战不力被免职,王龁替代了他带兵作战。

这年十月,将军张唐攻打魏国,蔡尉负责的防线失守,张唐回来后就斩了他。五十年(前 257 年)十月,武安君白起犯罪被免职降为士兵,贬往阴密;张唐攻郑得手;十二月,秦国往汾城周边增加了兵力;武安君白起自杀。

王龁久攻邯郸不克,于是撤军与驻扎在汾城旁边的秦军会合。两个月后,王龁攻打魏军,斩杀了六千人,被赶入黄河溺死的魏军和楚军就有两万多人。此后,他又进攻汾城,接着又跟张唐攻下了宁新中,把宁新中改名为安阳。这年秦国修建了蒲津桥。

五十一年(前256年),将军摎(jiū)进攻韩国,占领了韩国的阳城、负黍,斩杀韩国士兵四万。接着又攻占了赵国二十多个县,斩杀赵国士兵九万。

西周君武公撕毁了与秦国的盟约,联合东方诸侯出伊阙关进攻秦国,阻断了秦国与阳城之间的联系。秦王派将军摎进攻西周,西周君跑到秦国叩头认罪,他表示愿意接受处罚,并将他的三十六个城邑和三万人口献给秦国。

秦王接受了西周君的城邑和人口,放西周君回去了。五十二年(前255年),周地的民众纷纷东逃,周朝把传国宝器九鼎送到了秦国,周朝就此灭亡。五十三年(前254年),诸侯各国都来秦国朝拜,愿意归服秦国,因魏国落在了最后,秦国就派将军摎去攻打魏国,攻占了魏国的吴城,魏王把国家托付给了秦国。

五十四年(前253年),秦王在雍城南郊祭祀了上帝。五十六年(前251年)秋天,昭襄王去世,儿子孝文王即位,孝文王追尊生母唐八子为唐太后,把她与昭襄王合葬在了一处。送葬时,韩王穿着孝服前来祭吊,其他诸侯也都派将相参加了祭吊。

孝文王元年(前250年),孝文王大赦天下,追封先王的功臣,优待王族六亲,毁掉了王室苑囿。给父亲服丧期满一年后,他于十月己亥日即位。但不幸的是,即位后的第三天(辛丑日)他就去世了。此后儿子庄襄王继位,庄襄王元年(前 249 年)又大赦天下,表彰先王的功臣,优厚亲族,布惠于民。

东周君联合诸侯图谋反秦,秦襄王派相国吕不韦前去镇压,吕不韦兼并了东周的土地。秦国没有断绝周朝的祭祀,把阳人的地盘赐给周君,让周君在这里祭祀周朝的祖先。秦王派蒙骜进攻韩国,韩国献出了成皋、巩县,秦国国界从此扩张到了大梁。此后秦国在这里设置了三川郡。

二年(前 248 年),秦王又派蒙骜攻打赵国,平定了太原。三年(前 247 年),蒙骜攻占了魏国的高都、汲县,攻占了赵国的榆次、新城、狼孟等三十七座城邑。四月间发生日食。王龁攻打上党,将其占领后设立了太原郡。魏将无忌率五国军队反击秦军,秦军败退到了黄河以南,蒙骜打了败仗,不得不撤离了这里。

五月丙午日,秦庄襄王去世,儿子嬴政即位。嬴政继位二十六年后统一了天下,他把全国划设为三十六郡,自己称作始皇帝。始皇五十一岁去世,儿子胡亥即位,就是二世皇帝。胡亥继位三年(前 207 年),诸侯纷纷起来反秦,赵高趁乱杀死胡亥,立子婴为皇帝。子婴即位一个多月后被诸侯所杀,秦朝灭亡。

太史公说:"秦人的先祖姓嬴,他的后代被分封后,各自以封国名作为姓氏,有徐氏、郯氏、莒氏、终黎氏、运奄氏、菟裘氏、将梁氏、黄氏、江氏、修鱼氏、白冥氏、蜚廉氏、秦氏等。建立秦国的这一族秦人的先祖是造父,造父当初被封在了赵城,姓赵氏。"

秦始皇本纪第六
人物像

李斯　　　　秦始帝　　　　王翦

胡亥　　　　赵高　　　　秦王子婴

吕不韦　　　　嫪毐　　　　卢生

尉缭　　　　冯去疾　　　　章邯

秦始皇本纪第六

秦始皇帝是秦国庄襄王的儿子。秦昭王时期，庄襄王曾以秦国和赵国相互信任的质押人的身份居住在赵国。那时，他看见吕不韦的小妾后十分喜爱，就娶了她，并于秦昭王四十八年（前529年）在邯郸生下了秦始皇。秦始皇出生后，起名叫政，姓赵。

十三岁那年，庄襄王去世，他就继承王位做了秦王。此时，秦国已吞并了巴郡、蜀郡和汉中，跨过宛县占据了楚国的郢（yíng）都，设置了南郡；往北收取了上郡以东，占据了河东、太原和上党郡；东到荥阳，灭掉西周、东周，设置了三川郡。

由于秦王年纪小，刚刚登上位，国事都由大臣们来办理。当时，吕不韦为相国，封十万户，封号文信侯。李斯为舍人。蒙骜（ào）、王齮（yǐ）、麃公等为将军。秦招揽宾客游士，想趁势吞并天下。

始皇元年（前246年），将军蒙骜平定了晋阳叛乱。二年（前245年），麃公率兵攻打卷（quān）邑，斩首三万人。三年（前244年）蒙骜攻打韩国，夺取十三座城邑。这年王齮去世。将军蒙骜（ào）攻打魏氏畅、有诡。四年（前243年），攻取了畅、有诡。三月，战事停止。秦、赵各自撤回人质。

十月庚寅日，蝗虫遮天蔽日从东方飞来。全国瘟疫蔓延。老百姓纳千石粮食，可授爵位一级。五年（前242年），将军蒙骜攻打魏国，占领了酸枣、燕邑、虚邑、长平、雍丘、山阳城等二十个城邑。设置东郡。这年冬天出现雷声。六年（前241年），韩国、魏国、赵国、卫国、楚国一起进攻秦国，攻占了寿陵邑。

秦国派出军队，五国撤回军队。秦国攻下卫国，逼近东郡，卫君角率领其宗族迁居到野王，凭借山势险阻，保住了魏国的河内。七年（前240年），彗星先后在秦国的东方、北方和西方出现。将军蒙骜在攻打龙、孤、庆都时阵亡，秦军回师进攻汲县。彗星又在西方连续出现了十六天。夏太后去世。

八年（前239年），秦王弟长安君成蟜（jiāo）率军攻打赵国时在屯留造反了。秦杀死了他手下的军官，把那里的百姓被迁往临洮（táo）。前来讨伐成的将军壁死在了屯留，蒲鶮（hè）又起来造反，用剑戮击将军壁的尸体。黄河的鱼大批涌上岸来，人们赶着马车去捕食。

嫪毐（lào ǎi）被封为长信侯，把山阳的土地赐给了他，让他在此居住。宫室、车马、衣服、园林、打猎都由嫪毐随意支配，事情无论大小全由嫪毐决定。把太原郡改为嫪毐的封国。

九年（前238年），彗星又出现了，亮丽地划过整个天空。秦国进攻魏国的垣邑和蒲阳邑。四月己酉日，秦王举行成年加冠礼，佩带宝剑。长信侯嫪毐作乱被发觉，于是，他盗用秦王的大印和太后的印玺，发动京城部队和侍卫、官骑，联合戎狄族首领、家臣，企图攻打蕲（qí）年宫。

秦王命令相国昌平君、昌文君发兵攻击嫪毐。在咸阳作战中，杀死数百人，嫪毐等人战败逃走。秦王随即通令全国：捉到嫪毐者，赐给赏钱一百万；杀掉他，赐给赏钱五十万。事后，秦王对所有平叛的军士都授予了爵位，当时宦官也都参加了平叛战斗，也给他们加爵一级。

嫪毐等人全部被抓获。嫪毐及参与反叛的卫尉竭、内史肆、佐弋竭、中大夫令齐等二十人，及其他们的舍人、家仆都被当街杀头、分尸示众，灭了他们的宗族。罪轻的处以为宗庙打柴三年的劳役。还有四千余家被剥夺了官爵，迁徙到蜀郡，住在房陵县。杨端和进攻衍氏邑。

十年（前 237 年），相国吕不韦因受嫪毐牵连被罢官。桓齮为将军。齐国和赵国派来使臣摆酒祝贺。齐国人茅焦劝说秦王道："秦国正以夺取天下为己任，而大王却流放了太后，诸侯听说后恐怕会因此而背弃秦国啊。"秦王于是把太后从雍地接回咸阳，仍让她住在甘泉宫。

秦国下了逐客令,驱逐在秦国做官的六国仕人。李斯上奏了"谏逐客书"劝说秦王,秦王被打动,废止了逐客令。李斯借机劝说秦王,建议首先攻取韩国,以此来恐吓其他国家,于是秦王派李斯去降服韩国。韩王为此而担忧,就跟韩非谋划削弱秦国。

大梁人尉缭对秦王说道:"秦国的疆土与诸侯相比,诸侯就像郡县的首脑。虽如此,我还是担心东方国家合纵抗秦。这正是智伯、夫差、湣(mǐn)王灭亡的原因正所在,请大王不要吝惜财物,给各国权贵大臣送礼,利用他们打乱诸侯的计划,这只不过损失三十万金,而诸侯就可以消灭了。"

秦王从其计,并对他格外谦恭,并与他同吃同住。但尉缭却说:"秦王高鼻子,大眼睛,老鹰的胸脯,豺狼的声音,缺乏仁德,有虎狼之心。需要人的时候对人谦下,得志的时候就要吃人。如果秦王夺取天下,天下人就成了奴隶了。"于是就要逃走,但秦王极力劝阻,封其为都尉,让李斯执掌国政。

十一年(前236年),王翦、桓齮、杨端和攻打邺,虽未攻下,但却夺取了九座城邑。王翦统一指挥,让桓齮、杨端和留下,他先攻去阏(è)与、橑(liáo)杨,再合兵攻打邺。王翦统率军队十八天,他把俸禄在斗食以下的留下,从其他

人中十人挑选二人，由桓齮带领攻打邺，终于夺取安阳。

十二年（前 235 年），吕不韦死去，其宾客偷偷把他安葬在洛阳北芒山。对此，秦王对参加哭吊的，如是晋国人，就赶出国境；如是秦国人，俸禄在六百石以上的剥夺其爵位，迁到房陵；俸禄在五百石以下而未参与哭吊的，也迁到房陵，但不剥夺爵位。命令以后像嫪毐、吕不韦这样的坏人，就没收其家人作奴隶。

十三年（前 234 年），桓齮攻打赵国平阳邑，杀了赵将扈（hù）辄，斩首十万。十月，桓齮攻打赵国。十四年（前 233 年），在平阳攻击赵军，攻占了宜安，杀死了赵国的将军。平定了平阳、武城。韩

非出使到秦国，秦国采纳了李斯的计谋，扣留了韩非，韩非死在云阳。韩王请求向秦称臣。

十五年（前 232 年），秦国大举出兵，一路到达邺县，一路到达太原，攻占了狼孟。十六年（前 231）九月，派军队去接收原韩国南阳一带土地，任命腾代理南阳太守。魏国向秦国献地。秦国设置丽邑。

命令男子登记年龄，以便征发兵卒、徭役。

十七年（前 230 年），内史腾攻打韩国，擒获了韩王安，收缴了他的全

部土地。秦把韩地设置为为颍川郡。华阳太后去世。十八年（前229年），秦大举兴兵攻赵，王翦统率上地的军队，攻占了井陉。杨端和率领河内、羌瘣（huì）的军队攻打赵国，杨端和包围了邯郸城。

十九年（前228年），王翦、羌瘣打下了赵国的东阳，俘获赵王。他们又想攻打燕国，就驻扎在中山。秦王到邯郸去，把当初他在赵国出生时，与他母亲家有仇的人全部活埋了。秦始皇的母太后去世。赵公子嘉率领他的宗族几百人到代地，自立为代王，向东与燕国的军队会合，驻扎在上谷郡。这年发生大饥荒。

二十年（前227年），燕太子丹担心秦国攻打燕国，恐慌之中派荆轲去刺杀秦王。秦王发现后处荆轲以肢解之刑示众，然后就派遣王翦、辛胜去攻打燕国。燕国、代国发兵迎击秦军，秦军在易水西边击溃了燕军。

二十一年（前226年），王贲（bēn）攻打楚国。王翦得到增援，打败了燕太子，攻占了蓟城，拿到了燕太子丹的首级。燕王收取了辽东郡，在那里称王。王翦推说有病还乡。新郑造反。昌平君被迁谪郢城。王贲攻打魏国，引汴河水灌大梁城，大梁城墙塌坏，魏王假投降，秦军取得了魏国的全部土地。

二十三年(前 224 年),秦王再次强行起用王翦,派他去攻打楚国。他攻占了陈县以南直到平舆县的土地,俘虏了楚王。秦王巡游来到郢都和陈县。楚将项燕拥立昌平君做了楚王,在淮河以南反秦。二十四年(前 223 年),王翦、蒙武去攻打楚国,打败楚军,昌平君死,项燕自杀。

二十五年(前 222 年),秦国大规模用兵,派王贲为将领,攻打燕国的辽东郡,俘获燕王姬喜。回来时又进攻代国,俘虏了代王赵嘉。王翦平定了楚国长江以南地区,降服了越族的首领,设置了会稽郡。五月,秦国为庆祝灭掉五国下令天下聚饮。

二十六年(前 221 年),齐王田建和相国后胜派军驻守西部边境,断绝和秦国的来往。秦王派将军王贲由燕国往南进攻齐国,俘获了齐王田建。至此,秦国统一了天下。

秦王对丞相、御史说:"韩王最先交出土地,献上印玺,请求做守卫边境的臣子,但不久背约,与赵国、魏国联合反叛秦国,我们派兵讨伐,俘虏了韩王。我认为这就开了一个好头,从这时起,用不了几年六国就会被统一。果然,此后赵国、魏国、楚国、燕国、齐国都以这种方式被灭亡。"

接着，秦王命令道："我能以个人渺小之躯，兴兵讨伐暴乱，靠的是祖宗神灵的庇佑，最终使天下统一安定，六国国王受到应有惩罚。如果现在不更改名号，就不能显示我们今天的成功，不能把统一的功业传给后世。大家开始商议帝号吧。"

丞相王绾（wǎn）、御史大夫冯劫、廷尉李斯等都说："五帝时土地纵横千里，边远地区难以治理，就划分有侯服、夷服等等特殊区域，诸侯有的觐见，有的不觐见，天子不能控制。现在您兴仁义之师，讨伐四方残贼之人，平定了天下，在全国设置郡县，法令归于一统，这是亘古不曾有过的，五帝也比不上的。"

他们接着说："古代有天皇、地皇、泰皇，泰皇最尊贵。我们冒死献上尊号，王称为'泰皇'。命称为'制'，令称为'诏'，天子自称为'朕'。"秦王说："去掉'泰'字，留下'皇'字，采用上古'帝'的位号，称为'皇帝'，其他就按你们说的办。"追尊庄襄王为太上皇。

秦王又下令说："我听说上古有号而没有谥，中古有号，死后根据生前品行事迹给予谥号。这样做难免有儿子议论父亲，臣子议论君主的嫌疑，我不取这种做法。从今以后，废除谥法。我就叫作始皇帝，后代就从我这儿开始，称二世、三世直到万世，永远相传，没有穷尽。"

秦始皇认为周朝属火德之阳，秦朝要取代周朝就必须占有水德之阴。因为水德属阴，为顺天意，把十月定为每年的开始；把礼服、符节和旗帜的装饰都定为黑色。数目以六为基础，符节和御史所戴的法冠都规定为六寸，车宽为六尺，六尺为一步，一辆车驾六匹马。把黄河改名为"德水"用来表示水德的开始。

但秦始皇刚毅严厉，刻薄寡恩，把法令搞得极为严酷，犯了法久久不能得到宽赦。把能反映水德命数的

仁义和德惠这些实质性东西却置之身后。

丞相王绾等进言说："诸侯刚刚被打败，燕国、齐国、楚国地处偏远，不给它们设王，就无法镇抚他们。请封立各位皇子为王，希望皇上恩准。"始皇把这个建议交给群臣商议，群臣都认为这样做有利。

廷尉李斯反对说："周朝分封子弟和同姓亲属为王，但随着后代逐渐疏远，他们就像仇人一样互相攻击，周天子也无法阻止。现在天下一统，划分成了郡县，对于皇子和功臣，用公家的赋税重重赏赐就行了。如何让天下人没有邪异之心，这才是我们要考虑的事情，设置诸侯是没有好处的。"

始皇说："以前，天下连年战争无休无止，就是因为有那些诸侯王。现在我依仗祖宗的神灵使天下安定，如果又设立诸侯，这就等于又在挑起战争。廷尉说得对。"于是把天下分为三十六郡，郡设郡守、尉、监，改称民人做"黔首"。下令全国聚饮以

示欢庆。

秦始皇下令收集天下的兵器到咸阳，把兵器熔化铸成重量为千石的大钟和十二个铜人，然后放置在宫廷里。统一法令和度量衡标准，统一车辆两轮间的宽度。书写统一使用隶书。秦朝的领土东到大海和朝鲜，西到临洮、羌中，南到北向户，往北以黄河作为要塞，并阴山与辽东。

秦始皇下令把天下富豪十二万户迁到咸阳定居。把祖庙及章台宫、上林苑都建在渭水南岸。秦国每灭掉一个诸侯，都按照该国宫室的样子，在咸阳北面进行仿造。这样，南濒渭水，从雍门往东直到泾、渭交会处，宫殿连绵，相互连接，一望无际。宫殿内尽是从六国虏得的美人和钟鼓器乐。

二十七年（前220年），秦始皇巡视陇西、北地，穿过鸡头山，路经回中，在渭水南面建造了信宫。不久，又把信宫改名叫极庙，寓意此宫处于天极之处。开通了从极庙直达郦山的道路，修建了甘泉宫前殿和甬道，从咸阳一直连接到骊山。这一年，普遍赐给爵位一级。修筑了通向全国各地的御道。

二十八年（前219年），始皇到东方巡视，登上邹县峄（yì）山。在山上立了石碑。又和鲁地儒生们商议，想刻石颂扬秦之德业，并祭祀天地和名山大川。此后他登上泰山，设坛立碑，举行了祭天盛典。下山时遇到风雨，他歇息在一棵树下，于是就赐封此树为"五大夫"。又在梁父山举行了祭祀。

其后，始皇沿着渤海岸往东走，途经黄县、腄县，攀上成山的顶峰，又登上之罘（fú）山，树立石碑歌颂秦之功德，然后又往南登上了琅邪山。始皇帝非常高兴，在这里一直逗留了三个月，还迁来百姓三万户到琅邪台下居住，免除了他们十二年的赋税徭役。修筑琅邪台，立石刻字，歌颂秦之功德。

侯武成侯王离、列侯通武侯王贲、伦侯建成侯赵亥、伦侯昌武侯成、伦侯武信侯冯毋择、丞相隗（kuí）林、丞相王绾、卿李斯、卿王戊、五大夫赵婴、五大夫杨樛（jiū）随从着始皇帝在海上一起议论皇帝的功德。

他们说："古代的帝王土地不超过千里，且诸侯各守其土，有的来朝拜，有的就不去朝拜，他们之间互相攻伐，暴乱不止，帝王还要刻金镂石，夸耀自己。古代五帝三王，知识教育不同，法令制度不明，借助鬼神之威，欺骗远方民众，其实并不符实，所以统治不能长久。"

他们说："五帝三王还未死，诸侯就已背叛，法令名存实亡。当今皇帝统一海内，设立郡县，尊号大成。德泽普惠民众，天下安定太平，功业光耀宗庙。群臣共诵皇帝功德,刻于金石,昭明万世。"

齐地人徐市等上书,说大海之中有三座神山,名叫蓬莱、方丈、瀛洲,有仙人居住在那里。希望能斋戒沐浴,带领童男童女前往求仙。皇帝听后就派徐市挑选童男童女几千人,到海中去寻找仙人。

始皇返回京城,途经彭城,斋戒祈祷,想从泗水中打捞出那只落水的周鼎。他派了一千人潜入水底仔细寻找,但还是没有找到。于是从西南渡过淮河,前往衡山、南郡。他乘船顺江而下,来到湘山祠。但这时大风迎面而来,船只不能渡河。

皇上问博士说:"湘君是什么神?"博士回答说:"听说是尧的女儿,舜的妻子,他就埋葬在这里。"始皇非常生气,就派了三千服刑的罪犯,把湘山上的树木全部砍光,于是,整个山就只剩下光秃秃的赭土。皇上从南郡经由武关回到了京城。

二十九年(前218年),始皇到东方去巡游。到达阳武县博浪沙时,遇到刺客行刺,始皇受了惊吓,刺客逃离现场。于是始皇帝就命令在全国范围内大肆搜铺,搜捕进行了十天,但还是没有抓到刺客。

皇帝又登上了之罘山,并刻石立碑,再一次为他歌功颂德。不久,始皇前往琅邪,经由上党返回京城。三十年(前217年),没有发生什么事情。

三十一年(前216年)十二月,秦始皇把腊月改名为"嘉平"。赐给每个里(村,秦时为100户)六石米,两只羊。始皇穿着便装,带着四个武士在咸阳出行,晚上,在兰池遇见了强盗,武士们虽然打死了强盗,但当时的情势是十分危险的,于是下令在关中大肆搜查了二十天。米价每石一千六百钱。

三十二年(前215年),派燕国人卢生访求方士羡门、高誓。始皇前往碣石,在碣石山门处刻石立碑,毁坏了城墙,挖通了堤防。

韩终、侯公、石生去寻找仙人不老之药。始皇巡视北部边界,经由上郡返回京城。这时,燕人卢生入海求仙回来了。他奏上了占卜和鬼神方面的图书,上面有"亡秦者,胡也"的句子。始皇于是就派将军蒙恬率兵三十万去攻打北方的胡人,夺取了黄

河以南的土地。

三十三年(前214年),把曾经逃亡的犯人、主人给娶了妻子的奴隶、商贩等组织起来去攻打陆、梁地区,在那里设置桂林、象、南海等郡,派被贬谪的官吏去防守。在西北驱逐了匈奴。把从榆中开始,沿黄河往东一直到阴山一带划分成四十四个县,并沿黄河修筑城墙,设置要塞。

蒙恬渡过黄河,夺取了高阙、阳山、北假一带地方,并在这里筑起堡垒防备戎狄。让被贬谪的官吏到新设置的县去任职,发布命令,禁止祭祀这里的土地神。彗星出现在西方。三十四年(前213),对执法不正的官员进行清理和贬谪,让他们去负责修筑长城和戍守南越地区。

始皇在咸阳宫设宴,七十位博士前去祝寿。仆射(yè)周青臣赞颂说:"过去秦地不过千里,以陛下之神明而平定天下,使日月所照,莫不臣服。如今设立郡县,人人安乐,可保千秋太平,可传万代功业,自古及今无人能及。"始皇听后十分高兴。

博士淳于越说:"殷、周两朝传承千年,分封子弟功臣为辅佐,今陛下拥有天下,而子弟却是平民,一旦出现齐国田常、晋国六卿之类的谋逆臣子,靠谁来救援呢?

凡事不师法古而能长久的,我还没有听说过。周青臣阿谀奉承,陷陛下于过失之中,这不是忠臣。"对此,始皇让群臣议论。

丞相李斯说:"五帝的制度不是代代重复;夏、商、周的制度也不是辈辈承袭,他们能够各得其治,并不是制度一成不变,而是时变法亦变。现在陛下开创了万世大业,建立起了不朽之功,这本来就不是愚钝固执的儒生们所能理解的。况且淳于越仅仅说的是夏、商、周三代的事,哪里值得效法呢?"

李斯又说:"那时诸侯争霸,游说之士得宠。现在天下一统,法令出自陛下一人,百姓应该在家致力于农工生产,读书人应该学习刑罚禁令。但儒生们不学今而法古,以古诽谤当世之事,惑乱民心,迂腐之极。"

李斯继续说:"丞相李斯冒死进言:过去国家分裂,诸侯才相互攻伐。现在,说话的人谈古以害今,饰虚言以乱实,哗众取宠,卖弄才华,指责皇上所建立的制度,岂不知当今皇帝已一统天下,是非曲直都决定于皇帝一人。"

李斯说:"皇帝命令一下,私学就根据自己所学的一点知识一起非议法令,入朝就在心里指责,出朝就去街巷议论。在君主面前夸耀自己以求取名利,追求奇异说法以抬高自己,在民众当中带头制造谣言。如果不加以禁止,在上,君主的威严就会下降,在下,朋党的势力就会形成。"

李斯说:"臣请求除博士官署所掌管的典籍之外,让史官把不是秦国的典籍全部焚毁。民间收藏《诗》《书》、诸子百家著作的,全都送到地方官那里去一起烧掉。有敢在一块儿谈议《诗》《书》的处以死刑示众,借古非今的满门抄斩。

官吏如果知道而不举报，按同罪论处。"

最后李斯说："命令下达三十天仍不烧书的，处以脸上刺字的黥刑，或者处以城旦之刑，剃去头发，戴上铁链，发配边疆，白天防寇，夜晚筑城。所不取缔的书籍包括医药、占卜、种植之类的书。如果有人想要学习法令，就以官吏为师。"

秦始皇下诏说："可以。"

三十五年（前212年），秦开始修筑道路，从九原一直修到云阳，其间挖山填谷，使笔直贯通。始皇觉得咸阳人口多，先王宫廷窄小，于是就想大建宫殿。他认为周文王建都在丰，武王建都在镐（hào），丰、镐两城之间，应该是帝王的都城所在。

于是就在渭水南上林苑内修建朝宫。先在阿房（ē páng）建前殿，东西长五百步，南北宽五十丈，宫中可以容纳一万人，下面可以树立五丈高的大旗，四周建有可供行走的华丽阁道，阁道从宫殿之下一直通到南山。在南山顶峰修建门阙作为终极标志。

然后又修造了从山顶门阙返回的阁道，这条道路经阿房跨过渭水，与咸阳连接起来，以象征天极阁道自北极星跨过银河直达皇宫，取受命于天之意。

宫殿没有建成，计划在竣工之后，再选择一个好名字给它命名。因为当时先在阿房开始建筑前殿，所以后来人们就称这些未建完的宫殿为阿房宫。

修建阿房宫和骊山的人总共有七十多万，他们大多是受过宫刑、徒刑的犯人。他们从北山开采山石，从蜀地、荆地运来木料。在关中总共建造宫殿三百座，关外建了四百座。秦朝又在东海边的朐（qú）山上竖立大石，作为秦朝国境的东门。为了这些工程，当时迁徙了三万家到骊邑，五万家到云阳。

卢生对始皇说："我们寻找灵芝和仙人，但一直找不到，原因是我们觉着好像有什么东西妨碍着它们。我们心想，皇帝受命于天，只有皇帝去经常秘密出行，才可以驱逐恶鬼。恶鬼避开了，神仙真人就会到来。"

卢生继续说："皇上住的地方如果让臣子们知道，也会妨害神仙的到来。真人入水不会沾湿，入火不会烧伤，能够乘驾云气遨游，寿命和天地共长久。现在皇上治理天下，还没能做到清静恬淡。如果皇上所住的宫室没有别人知道，不死之药或许能够得到。"

始皇说："我真羡慕神仙真人啊，我自己就叫真人吧，不再称朕了。"于是就令咸阳四周二百里以内的二百七十座宫殿都用甬道相互连接起来，帷帐、钟鼓和美人全部按照所登记的位置不得移动。皇帝所到的地方不能告诉他人，如有人说出去，就判其死罪。

有一次皇帝幸临梁山宫，从山上望见丞相的随从车马众多，很是不悦。有人把这件事告诉了丞相，丞相就减少了车马数目。但始皇却生气地说："这是宫中有人泄露了我的话。"于是进行审问，但没有人认罪，始皇就下令把当时跟随他的人全部杀掉。

从此，再也没有人知道皇帝的行踪了，处理事务，接受命令，都在咸阳宫进行。侯生、卢生说："始皇为人刚愎自用，天性粗暴，他出身诸侯却兼并天下，于是忘乎所以，为所欲为，以为从古到今没有人比得上他。"

他们说："始皇只任用狱吏，狱吏们都受到亲近和宠幸，博士虽然有七十人，但只不过是充数的虚设人员，

大臣也都成了接受命令,按旨意办事的工具。皇上喜欢用重刑、杀戮显示威严,于是官员们都怕获罪,没人敢说实话,只好用欺骗和奉承来取悦皇上。"

他们说:"秦法规定方士不能兼任,方术不应验,就要处死。但现在占相星云的人就多达三百名,他们都是良士,由于害怕获罪,只好阿谀奉承。天下事都由皇上决定,文书堆积如山,皇上就用秤来称量文书,定额分发给臣下让他们日夜阅读,然后奏报皇上决定,阅读达不到定额的就不让他们休息。"

他们说:"始皇如此贪权,咱们不能再为他找仙药了。"于是就逃跑了。始皇大怒,说:"我把天下不适用的书籍都毁掉,召集了大批博士和方士,想以此求得长治久安。方士想炼造仙药,但他们不打招呼就跑了,徐市等人花费的钱财数以万计,他们只是为非法谋利而互相告发,根本找不到仙药。"

始皇说:"我很尊重卢生等人,对他们赏赐十分优厚,如今他们竟然诽谤我,企图以此败坏我的功德。他们有的还在咸阳,我派人去查问,竟然还有人妖言惑众,扰乱民心。"于是就派御史去审讯,让他们相互揭发,共查出涉案者四百六十多人。始皇亲自把他们从名籍上除名,全部活埋在咸阳。

始皇征发更多的流放人员去戍守边疆，公子扶苏进谏说："天下初定，远方百姓还没有归附，儒生们诵读诗书，效法孔子，皇上用重法惩罚他们，我担心这样会使人心不稳，天下动荡，希望皇上明察。"始皇听了很生气，就派扶苏到上郡去监督蒙恬的军队。

三十六年（前211年），火星侵入心宿（xiù）三星，有流星陨石坠落在东郡，有人就在陨石上刻了"始皇帝死而土地分"的咒语。始皇听说后就派御史前去挨家查问，但没有查出结果，于是就把居住在那块石头周围的人全部杀掉，并焚毁了那块陨石。

始皇十分不快，让博士作了《仙真人诗》，准备在他巡行天下时，让乐师处处弹奏唱歌。秋天，有使者从关东走夜路经过华阴平舒道，路上有人手持玉璧拦住使者说："为吾遗滈（hào）池君。"还顺口说："今年祖龙死。"使者问他原因，那人忽然不见了，地上只留下了那块玉璧。

使者捧回玉璧，上朝向始皇陈述了路上的奇遇。始皇沉默了好一会才说："山鬼只能预知一年的事。"意思是说，现在已是秋季，今年的日子已不多了，这话未必能应验。退朝时他又说："祖龙就是人的祖先。"故意把"祖"解释成祖先，祖先是已死去的人，因此"祖龙死"自然与他无关。

始皇让御史仔细察看了那块玉璧，那块玉璧竟然是始皇二十八年出外渡江时沉入水中的那块玉璧。始皇为此事进行了占卜，占卜的结果是迁徙才吉利。于是始皇迁移了三万户人家到北河、榆中地区，并给每户授爵位一级。

三十七年（前210年）十月癸丑日，始皇外出巡游，由左丞相李斯跟随，右丞相冯去疾留守京城。少子胡亥也想去跟随巡游，皇上答应了他。十一月，走到云梦，在九疑山遥祭了虞舜。然后乘船沿江而下，赏籍柯，渡海渚（zhǔ），经丹阳，到达钱塘。

临近浙江时，浙江惊涛骇浪，于是就向西走了一百二十里，从江面狭窄的地方渡过江。然后登上会稽山，祭祀大禹，遥望南海。始皇又在会稽山刻石立碑，碑文记述了巡游经过，斥责了六国的不义，颂扬了秦朝的功德。

始皇返回时途经吴地，从江乘县渡江，沿海岸北上到达琅邪。当初徐市带人入海寻求仙药，数年也没找到，花费了很多钱财，这时害怕遭受责罚，就欺骗始皇说："蓬莱仙药是可以找到的，但有大恶鱼的阻扰无法前去，希望皇上派善于射箭的人带上连弩，和我们一起去，用连弩射掉大恶鱼。"

　　始皇作梦与海神交战，海神的形状好像人。就请解梦的博士给他解梦，博士说："水神是看不到的，他周围有大鱼蛟龙护卫。现在皇上祭祀周到恭敬，却出现这种恶神，应当除掉它，真神就可以找到了。"于是，始皇命令随从带上大型渔具，自己亲自带着弓弩入海去斗大恶鱼。

　　但从琅邪向北直到荣成山，一路什么也没遇见。到达之罘时，大鱼出现了，于是就射死了一条。接着又沿海向西进发。

　　秦始皇到达平原津时生了病。始皇厌恶说"死"这个字，群臣没有人敢谈论死的事情。皇帝病得更厉害了，就给公子扶苏写了一封信，然后盖上御印。信的内容是："与丧回咸阳而葬。"信已封好了，存放在中车府令赵高管理掌印玺事务的办公处。七月丙寅日，始皇在沙丘平台逝世。

　　皇帝因为在外地去世，丞相李斯害怕发生变故，于是就对此事严密封锁，不发布丧事消息。棺材放置在既密闭又能通风的辒（wēn）凉车中，让过去始皇宠幸的宦官来陪守，每走到合适的地方，都要献上饭食，百官照样向皇上奏事，宦

官在车中降诏。只有胡亥、赵高和五六个宦官知道皇上死了。

赵高过去曾教胡亥书法和律法之事,胡亥对他很有好感。于是,赵高与胡亥、丞相李斯秘密商定,拆开了始皇给扶苏的信件。谎称李斯在沙丘接受了始皇遗诏,立皇子胡亥为太子。又写了一封信给公子扶苏和蒙恬,列举他们的罪状,赐他们自杀。这些事都记载在《李斯列传》中。

车子继续往前走,从井陉到达九原,那时正赶上暑天,皇上的尸体在辒凉车中发出了臭味,他们就命令随从官员往车里装很多有腥臭味的鲍鱼,让人们分不清尸臭和鱼臭。回到咸阳后,发布丧事公告。皇太子胡亥继承皇位,胡亥就是二世皇帝。九月,把始皇安葬在了骊山。

始皇即位之初,就开始修建郦山陵墓,统一天下后,又征来七十多万徒役大肆开挖。陵墓凿地至三泉,灌注铜水,放置外棺;建有宫殿,设置百官位次,放满器物、珍宝和怪石;机关密操暗箭,防止盗贼;灌水银成百川、江河和大海;顶壁装有天文图像,下面置有地理图形;油脂成炬,久亮不灭。

二世说:"先帝后宫妃嫔没有子女的,放她们出去不合适。"命令这些人全部殉葬。于是死者甚众。有人又说,墓中宝物多而贵重,难免泄露。于是隆重的仪式结束后,工匠们刚放置好器物,墓道就被封闭了,内面的工匠们没有一个能够出来。墓上栽种草木,从外边看上去好像是一座山。

二世皇帝元年(前209年),二世二十一岁。赵高担任郎中令,执掌朝廷大权。二世下诏,增加始皇的祭品数量及山川等各种祭祀的礼仪。命令大臣们讨论尊推始皇庙号之事。

大臣们都叩头说:"古时候天子的祖庙为七庙,诸侯五庙,大夫三庙,即使过了万世也不能遗弃和毁掉。今始皇一统天下,应设为极庙,天下人都要贡祭品,要增加祭祀用的牲畜,礼仪要至高无上,无以复加。"

大臣们说:"先王庙有的在西雍,有的在咸阳,天子按礼仪应当单独奉酒祭祀始皇庙。把襄公以下的庙都毁除掉,总共供祭七庙,大臣们都要依礼进献祭祀。推尊始皇庙为皇帝始祖庙。皇帝仍自称为朕。"

二世与赵高商议说:"我年纪轻,刚继位,百姓还不顺从。先帝强势巡视天下,威震海内,如果我总呆在皇宫,就会让人感觉我没有能力统治天下。"春天,二世东行巡视,由李斯陪同,到达碣石山后,再南行到会稽,在始皇所立的石碑上刻上字,碑石旁增刻随从大臣的名字。以光显先帝的功业。

皇帝说:"金石碑刻全是始皇帝所建,现在我承袭了皇帝名号,碑刻上就又写着我的名号,以后年代久远了,就好像是后代子孙建造的,这就不能使始皇帝的功业昭明。"李斯、冯去疾、御史大夫德进言说:"我们请

求把诏书全刻在石碑上,这样就明白了。"接着到了辽东,然后返程。

二世暗中与赵高谋划说:"目前,大臣不从,官吏尚强,各位皇子必定要跟我争权,我该怎么办呢?"赵高说:"这些话我欲言又止,先帝时的大臣,都是家族几代建功立业,很有声望的人,臣赵高生来卑贱,幸蒙陛下抬举,让我身居高位,大臣们并不满意。"

赵高说:"现在皇上出巡,可借此机会查办、杀掉郡县有罪者,这样,既可以使您威震天下,又可除掉不满意的人,更让大臣们连谋算的机会都没有。英明的君主举用别人不用之人,让卑贱的显贵起来,让贫穷的富裕起来,让疏远的变得亲近,这样就能上下团结,国家安定了。"二世说:"好!"

于是就诛杀大臣和诸皇子,并殃及各级小臣。六个皇子在杜县被杀,皇子将闾兄弟三人被囚禁在内宫。秦二世派人对将闾说:"你们不尽臣道,当处死罪,现依法行刑。"将闾说:"宫廷的礼节我听从宾赞的;朝廷的位次我从来不敢有失礼节;奉命对答我从来不敢说错话。怎么能说不尽臣道呢?"

使者说:"我不能参与是非曲直,只是奉命行事。"将闾仰天大声呼喊,呼喊了几次后说:"天啊!我没有罪!"兄弟三人都流着眼泪拔剑自杀了。皇族为之震惊恐慌。大臣们进谏的被指为是诽谤,为了保住禄位,臣子们都屈从讨好,百姓震惊恐惧。

四月，二世返回到咸阳。他说："阿房宫还没有建成，不幸赶上始皇去世，只得让工匠停下来去郦山修建陵墓。郦山修墓现已全部完工，如果放下阿房宫不管，就是表明先帝办事有失误。"于是，又开始修建阿房宫，对外安抚四方外族，遵循始皇的策略，征召了五万身强力壮的兵丁守卫咸阳。

七月，戍卒陈胜在楚地造反，国号为"张楚"。陈胜自立为楚王，住在陈县，派遣将领出击攻城夺地。崤山函谷关以东各郡县，因饱受秦朝官吏之苦，于是蜂拥而起，杀掉了郡守、郡尉、县令、县丞，起来造反，响应陈胜，并争相拥立侯王，联合向西进攻伐秦。

秦二世施法更加严酷。他下令咸阳驻军教习箭射狗、马、禽、兽，兵丁及狗马禽兽所需粮食很多，他估计咸阳仓里的粮食不够用，于是就下令从下面各郡县征调运粮和饲料到咸阳，让转运人员都自带干粮，咸阳四百里之内不准吃正在运输的粮食。

使者从山东回来,把造反的情况报告给了二世,二世很生气,惩办了使者。后边的使者回来了,皇上问他,他回答说:"那不过是一群盗匪,现在全部抓获了,不值得担心。"皇上十分高兴。其实,当时的情况是,武臣自立为赵王,魏咎立为魏王,田儋为齐王,沛公在沛县起义,项梁在会稽起兵。

二年(前208年)冬天,陈胜的大将周章率军到达戏水,兵力有几十万。二世大惊,问群臣怎么办?少府章邯说:"盗匪已经来了,现在征发附近各县的军队都来不及了。请赦免郦山徒役,发给他们兵器,让他们去迎击吧。"于是二世大赦天下,派章邯领兵出击,周章败逃,被杀死在曹阳。

二世又派长史司马欣、董翳(yì)去帮助章邯攻打反秦部队,在城父杀死了陈胜,在定陶打败了项梁,在临济杀死了魏咎。楚地反秦军队的名将基本被杀完,章邯就向北渡过黄河,到钜鹿攻打赵王赵歇等人。

赵高对二世说:"先帝时,群臣不敢做非分之事。现在陛下正年轻,刚继位,若在朝廷上公开议决大事,群臣就能看出你的弱点而滋生邪念。况且,皇帝自称朕,意思就是不见其形,不闻其声。"于是二世便深居宫内,只与赵高一个人决事,公卿很少有机会见到皇上。各地反秦的人更多了。

右丞相冯去疾、左丞相李斯、将军冯劫进谏说:"关东盗贼蜂拥而起,朝廷派兵诛讨,斩杀甚众,然而不能平息。其原因是戍边、运输、劳作的事情太苦,赋税太重。我们请求暂停阿房宫的修建,减少戍边兵役和运输的徭役。"

二世说:"人们之所以看重皇位,就是为了纵欲而为,尽情享受。做君主的只要修明法度,臣下不干坏事,天下就能够得到治理。舜、禹本来地位尊贵,但做了天子却身受穷苦,这有什么值得学习的? 天子被称为万乘(shèng)之主,而我居万乘之位却无万乘之实,我要造千乘之车,行万乘之名。"

他说:"先帝平定天下,排除四夷,修建宫室显示成功之得意,这些你们都能看到。而我即位才两年的时间就盗贼群起,你们不能禁止,又要终止先帝想要做的事情。这样做,上不能报答先帝,下不能尽职尽忠尽力,你们还凭什么身处高位呢?"于是把冯去疾、李斯、冯劫交给狱吏追究罪过。

冯去疾、冯劫说:"这是在侮辱我们啊。"于是就自杀了。李斯被囚。二世三年(前207年),章邯率兵包围了钜鹿,项羽率领楚兵前去援救。冬天,赵高担任丞相,判杀了李斯。夏天,章邯多次败退,二世派人去谴责章邯,章邯害怕了,就派长史司马欣回京汇报情况。赵高心生疑问,不予以接见。

司马欣也害怕了,赶紧逃离,赵高随即派人追赶,但没有追到。司马欣见到章邯说:"赵高专权,自保其身,将会把一切不利后果推托给您,会说您作战不力造成恶果。将军您无功必定被杀,有功也会被杀。"这时,项羽加紧进攻秦军,俘虏了王离。章邯等人就此投降了项羽。

八月己亥日,赵高想要谋反,恐怕群臣不从,于是就设下计谋进行试验。赵高带来一只鹿献给二世说:"这是一匹马。"二世笑着说:"丞相错了,把鹿说成是马。"左右大臣面面相觑,有的沉默,有的迎合赵高说是马,有的讲真话说是鹿。此后赵高就找借口杀害了那些讲真话的人。大臣们从此畏惧赵高。

赵高以前多次说:"关东的盗贼成不了气候。"但后来项羽在钜鹿城下俘虏了王离,秦军节节败退,燕、赵、齐、楚、韩、魏等国都自立为王,地方官吏纷纷倒戈,函谷关以东几乎全部背叛了秦朝。沛公率兵西进,屠灭了武关,并派人和赵高

秘密接触。赵高做贼心虚,就谎称有病不去朝见皇上。

二世梦见一只白虎咬了他车驾的骖(cān)马,他就杀了那只白虎。但觉得奇怪,就闷闷不乐地去问求解梦。解梦人占卜,卜辞说:"泾水水神在作怪。"二世就在望夷宫斋戒,去祭祀泾水水神,把四匹白马沉入泾水。诸侯军队不断逼近关中,秦二世就派人谴责赵高,赵高恐惧不安。

赵高暗中跟他的女婿咸阳县令阎乐、他的弟弟赵成商量说:"皇上不听劝谏,如今事态危急,就想把罪祸推给咱们家族。我想改立公子婴。子婴仁义简约,百姓都拥护他。"于是就让郎中令做内应,谎称有大盗,命令阎乐发兵追捕。赵高却把阎乐的母亲劫持到府中当人质。

阎乐带领官兵一千多人到达了望夷宫殿门前,捆绑了卫令仆射,喝问:"盗贼从这里进去了,你为什么不阻止?"卫令说:"皇宫周围都有卫兵防守,盗贼怎么能进入宫中?"阎乐就斩了卫令,带领官兵径直冲了进去,一边走一边射箭,阻挠者都被杀死。

做内应的郎中令和阎乐合兵一处包围了二世的宫殿,用箭射中了二世的帷帐。二世气急败坏地召唤左右的人,但手下的人都魂飞魄散,不敢动手。一个宦官服侍着二世进入内宫，二世说："你为什么不早告诉我，竟落得如此下场！"宦官说："如果早说，我们这班人早就被您杀了。"阎乐带人围了上来。

　　阎乐说："你自己考虑怎么办吧！"二世说："我可以见丞相吗？"阎乐说："不行。"二世说："我希望得到做一个郡王。"阎乐不答应。二世说："我希望做个万户侯。"阎乐还是不答应。二世又说："那就让我和家人去做普通百姓吧。"阎乐说："我奉丞相之命诛杀你，你说的再多也无济于事。"于是二世自杀。

　　赵高召集了大臣和诸公子，通告了杀死二世的事。赵高说："秦国本来就是个诸侯国，始皇统一了天下，所以称帝。现在六国又各自立了王，秦国地盘越来越小，竟然还凭空称皇帝，这不合适。"于是立二世兄长的儿子子婴为秦王。用平民的葬仪葬埋了二世。让子婴斋戒后接受国王印玺。

　　斋戒五天后，子婴跟他的两个儿子商议说："赵高在望夷宫杀了二世，害怕大臣们杀他，就假装按照道义立我为王。我听说赵高已与楚国约定，灭秦宗室后他在关中称王。现在让我斋戒，朝

见宗庙,这是想乘机在庙里杀掉我。我若称病不能前去,他一定会亲自来催我,他若来了,就把他杀掉。"

赵高果然多次派人去请子婴,子婴称病不去,赵高就亲自去请。子婴于是在斋宫杀了赵高,并诛灭其三族在咸阳示众。

子婴做秦王四十六天,楚将沛公进入武关,驻军霸上,招降子婴。子婴用丝带系上脖子,驾着白车马,捧着天子的印玺符节,在轵道亭旁投降。沛公入咸阳,封府库后退兵霸上。

一个月后项羽入咸阳,杀子婴及秦诸公子宗族,随后屠戮咸阳,焚烧宫室,掳其宫女,与诸侯尽分秦珍宝财货而去。关中分给雍王、塞王、翟王把守。五年后,天下归汉。

太史公说:"秦的祖先是伯益,伯益在尧、舜时建立了功业,得到了封地,并受赐姓嬴。伯益的后代在夏、商时期衰落,在周朝衰落时复兴,此后,他们便在西部边境建起了城邑。自秦穆公以来,秦国不断蚕食东方各国,最终在秦始皇时统一了天下。始皇认为他的功业比五帝高,土地比三王广,把自己与五帝、三王相提并论是对他的羞辱,于是就自称为皇帝。秦国统一了天下,但很快又走向了灭亡,其中的教训是深刻的,我认为贾谊对这段历史的评价是十分深刻和中肯的(指贾谊的《过秦论》,见《陈涉世家》结尾段)。"

项羽本纪第七
人物像

项羽

项梁

章邯

项羽本纪第七

项籍是下相人，字羽。项籍的叔父是项梁，项梁的父亲是项燕，项燕就是被秦将王翦所杀害的那位楚国名将。项氏世世代代都是楚国的大将，他们因被封在项地，所以姓项。

项籍小时候曾学习文化、剑术，但都半途而废。项梁很生气，项籍却说："写字，能够用来记姓名就行了；剑术，也只能和一个人对杀，都不值得学。要学，就应学能敌万人的大本事。"项梁于是就教项籍兵法，项籍非常高兴。可是他刚刚学得了兵法的一点大意，就又半途而废放弃了。

项梁曾经因罪案受牵连，被栎(yuè)阳县官吏逮捕入狱，他就请蕲(qí)县监狱办事员曹咎给栎阳监狱办事员写信向司马欣说情，事情才得以了结。后来项梁又杀了人，为了躲避仇人，他和项籍一起逃到吴中郡。

　　吴中郡有才能的士大夫，本事都比不上项梁。每当吴中郡有大规模的徭役或大的丧葬事宜时，项梁经常做主办人，项梁暗中用兵法部署组织宾客和青年，借此来了解他们的才能。

　　秦始皇游览会稽郡渡浙江时，项梁和项籍一块儿去观看。望着不可一世的秦王，项籍说："我们可以取代他！"项梁急忙捂住他的嘴，说："不要乱说，要满门抄斩的！"但项梁却因此而感到项籍很不一般。

项籍身高八尺有余,力能举鼎,才气超人,即使是吴中当地的年轻人也都惧怕他。

秦二世元年(前209年)七月,陈涉等在大泽乡起义。当年九月,会稽郡守殷通对项梁说:"大江以西全都造反了,现在是上天要灭亡秦朝的时候了。我听说,做事情抢先一步就能控制别人,落后一步就要被人控制。我打算起兵反秦,让您和桓楚统领军队。"

当时桓楚正逃亡在草泽之中。项梁说："桓楚正在外逃亡,只有项籍知道他的去处。"项梁出去嘱咐项羽在门外佩剑等候,然后又进来给郡守殷通说："请让我把项籍叫进来,让他奉命去召桓楚。"郡守说："好吧！"

项籍进来待了不大一会儿,项梁给项籍使了个眼色,说："可以行动了！"于是项籍拔剑斩下了郡守的人头。

项梁手里提着郡守的头,身上挂了郡守的官印向外走去。郡守的部下十分惊慌,一片混乱,项籍一连杀了一百多人,整个郡府上下都吓得趴倒在地,没有一个人敢站起来。

项梁召集原先所熟悉的豪强官吏,向他们说明起事反秦的道理,发动吴中之兵起事。项梁派人去接收吴中郡下属各县,共得精兵八千人,部署郡中豪杰,派他们分别做校尉、候、司马。

署郡豪杰中有一个人没有被任用,自己就亲自来找项梁。项梁说："前些日子某家办丧事,我让你去做一件事,你没有办成,所以不能任用你。"众人听了都很敬服。于是项梁做了会稽郡守,项籍为副将,巡行了占领的下属各县。

广陵人召平为陈王去广陵招降，广陵没有攻下。召平听说陈王兵败退走，秦兵又快要到了，就渡过长江假托陈王的命令，拜项梁为楚王的上柱国。召平说："江东之地已经平定，赶快带兵西进攻秦。"项梁就带领八千人渡过长江向西进军。项梁听说陈婴已经占据了东阳，就派使者去东阳，想要同陈婴合兵西进。

陈婴，原先是东阳县的令史，在县中一向诚实谨慎，人们都称赞他是忠厚老实之人。东阳县的年轻人杀了县令，聚集起数千人，想推举出一位首领，没有找到合适的人选，就来请陈婴。

陈婴推辞说自己没有能力，但他们强行让陈婴当了首领，县中追随的人有两万多。那帮年轻人就索性立陈婴为王。为与其他军队相区别，他们就用青巾裹头，以表示是新突起的一支义军。

陈婴的母亲对他说："自从我做了陈家的媳妇，还从没听说过陈家祖上有显贵之人，如今你突然有了这么大的名声，恐怕不是吉祥之兆。你不如去带上部队投靠别人，起事成功还可以封侯，起事失败也容易逃脱。"

陈婴听了母亲的话没敢做王。他对军吏们说："项氏世代做大将，在楚国是名门。现在我们要起兵成大事，那就要投靠项家。这样，秦朝灭亡就指日可待了。"于是众人听从了他的话，投靠了项梁。项梁渡过淮河向北进军，黥布、蒲将军也率部队归附于项梁。项梁这时有了六七万人，驻扎在下邳(pī)。

秦嘉已立景驹做了楚王，驻扎在彭城以东，想阻挡项梁西进。项梁对将士们说："陈王最先起义，仗打得不顺利，不知道如今在何处。现在秦嘉背叛了陈王而立景驹为楚王，这是大逆不道的。"于是进军攻打秦嘉。

秦嘉的军队战败而逃，项梁率兵追击，直追到胡陵。秦嘉又回过头来与项梁交战，打了一天，秦嘉战死，部队投降。景驹逃跑到梁地，后死在了那里。

项梁接收了秦嘉的部队，驻扎在胡陵，准备率军西进攻秦。秦将章邯率军到达栗县，项梁派另一将领朱鸡石、馀樊君去迎战章邯。结果馀樊君战死，朱鸡石战败，逃回胡陵。

项梁于是率领部队进入薛县，诛杀朱鸡石。在此之前，项梁曾派项羽去攻打襄城。襄城坚守不降。项籍攻下襄城之后，把那里的军民全部活埋了，然后回来向项梁报告。

项梁听说陈王确实已死，就召集各路义军将领来薛县聚会，共议反秦大计。这时，沛公也在沛县起兵，应召前往薛县参加了聚会。

居鄛(cháo)人范增，七十岁了，一向家居不仕，喜好琢磨奇计，他前来游说项梁

说："陈胜失败本在预料之中。秦灭六国，楚国最是无辜，楚怀王被骗入秦一去不返，楚国人至今还在同情他；因此，楚南公说：'楚国即使只剩三户人家，灭亡秦国的还必定是楚国'。"

他继续说："如今陈胜起义，他不立楚国的后代却自立为王，势运一定不会长久。现在您在江东起兵，楚国有那么多将士蜂拥而起，争着归附您，就是因为项氏世世代代做楚国大将，一定能重新立楚国后代为王。"

项梁认为范增的话有道理，就到民间寻找楚怀王的嫡孙熊心，这时熊心正在给人家牧羊，项梁找到他以后，就袭用他祖父的谥号立他为楚怀王，这样就顺应了楚国民众的愿望。

陈婴做楚国的上柱国，封给他五个县，辅佐怀王建都盱台（xū yí）。项梁自己号称武信君。过了几个月，项梁率兵去攻打亢父（gāng fǔ），又和齐将田荣、司马龙且（jū）的军队一起去援救东阿，在东阿大败秦军。

田荣立即率兵返回齐国，赶走了齐王田假。田假逃亡到楚国。田假的相国田角逃亡到赵国。田角的弟弟田间本来是齐国大将，留住在赵国不敢回齐国来。田荣立田儋（dān）的儿子田市为齐王。

项梁破东阿附近的秦军后，多次派使者催促齐国发兵，想与齐军合兵西进。田荣说："楚国杀掉田假，赵国杀掉田角、田间，我才出兵。"项梁说："田假是我们盟国的王，走投无路来追随我，我不忍心杀他。"赵国也不肯杀田角、田间来跟齐国做交易。

齐国不肯发兵帮助楚军。项梁就派沛公和项羽去攻打城阳，城破后屠戮了这个县。然后西进，在濮阳东打败了秦军，秦败兵退守濮阳城。沛公、项羽又去打定陶。定陶没有攻下，就继续西进，沿路攻取城邑，直到雍丘，打败秦军，杀了李由。再回过头来攻打外黄，仍没有攻下。

项梁自东阿到定陶，再次打败秦军，项羽等又杀了李由，因此就渐渐显露出了骄傲的神态。宋义于是对项梁说："打了胜仗，将领就骄傲，士卒就怠惰，这样的军队一定要吃败仗。如今士卒有点儿怠惰了，而秦兵在一天天地增加，我替您担心啊！"项梁不听。

项梁派宋义出使齐国。路上遇见了齐国使者高陵君显，宋义问道："你是要去见武信君吧？"回答说："是的。"宋义说："依我看，武信君的军队必定失败，您要是慢点儿走就可以免于身死，如果走快了就会赶上灾难。"秦军果然派重兵来增援章邯，攻击楚军，在定陶大败楚军，项梁战死。

沛公、项羽离开外黄去攻打陈留，陈留久攻不下。沛公和项羽商量后认为,项梁的军队被打败后,士卒都很恐惧,决定和吕臣的军队一起向东撤退。于是,吕臣的军队撤退驻扎在彭城东边,项羽的军队驻扎在彭城西边,沛公的军队驻扎在砀(dàng)县。

章邯打败项梁军队以后,认为楚地的军队不值得忧虑了,于是渡过黄河北进攻赵国,大败赵军。

这时候,赵歇为王,陈馀为大将,张耳为国相,他们都逃进了钜鹿城。章邯命令王离、涉间包围了钜鹿,自己的军队驻扎在钜鹿南边,筑起两边有墙的甬道给他们输送粮草。

陈馀作为赵国的大将,率领几万名士卒驻扎在钜鹿北边,这就是所谓的河北军。

楚军在定陶战败以后,怀王心里害怕,从盱台前往彭城,合并项羽、吕臣的军队亲自统率。任命吕臣为司徒,吕臣的父亲吕青为令尹。任命沛公为砀郡长,封为武安侯,统率砀郡的军队。

宋义在路上遇见的那位齐国使者高陵君显正在楚军中,他求见楚王说:"宋义曾猜定武信君的军队必定失败,没过几天,就果然战败了。在军队没有打仗的时候,就能事先看出失败的征兆,这可以称得上是懂得兵法了。"

楚怀王召见宋义,跟他商计军中大事,非常欣赏他,因而任命他为上将军,项羽为鲁公,任次将,范增任末将,去援救赵国,其他各路将领都隶属于宋义,号称卿子冠军。

部队进发抵达安阳,停留四十六天不向前进。项羽说:"我听说秦军把赵王包围在钜鹿城内,我们应该赶快率兵渡过黄河,楚军从外面攻打,赵军在里面接应,打垮秦军是确定无疑的。"

宋义说:"不对,叮咬牛的牛虻不能用来灭虱子。现在秦攻赵,秦国打胜了,士卒会疲惫,我们就乘其疲惫而击之;打不胜,我们就乘势夹击,一定能歼灭秦军。现在不如先让秦、赵两方相斗吧。披甲执锐,我不如您;坐而论策,您不如我。"于是通令全军:"进攻凶猛但无章法,贪婪如狼但不听调令的一律斩杀。"

这时，宋义却派儿子宋襄去齐国为相，在无盐置备酒筵，大会宾客。当时风雨交加，士卒又冷又饿，怨气很大。

项羽对将士说："我们冒死攻打秦军，他却停留不前。如今荒年，军中无粮，他却竟然置备酒筵，大会宾客。秦国攻打刚刚建起的赵国，那形势必定是秦胜赵败。赵国被攻占，秦国就更加强大，到那时，什么也谈不上了。"

"再说，我们刚刚打了败仗，怀王坐不安席，把境内全部兵卒和粮饷交给他一个人，国家的安危，就在此一举了。可不体恤士卒，却派自己的儿子去齐国为相，这样的人能当重任吗？"项羽在军帐中斩下了宋义的头，出来向军中发令说："宋义和齐国同谋反楚，楚王密令我处死他。"

将领们都畏服项羽，没有谁敢抗拒，都说："首先把楚国扶立起来的是项将军家。如今又是将军诛灭了叛乱之臣。"于是大家一起立项羽为代上将军。

项羽派人去追赶宋义的儿子，在齐国境内把他杀了。项羽又派桓楚去向怀王报告。楚怀王无奈，让项羽做了上将军。当阳君、蒲将军都归属项羽。

项羽诛杀了卿子冠军，威震楚国，名扬诸侯。他首先派遣当阳君、蒲将军率领二万人渡过漳河，援救钜鹿。战争取得了一些小的胜利。这时，陈馀又来请求增援。

项羽就领全部军队渡过漳河，把船只全部凿沉，把锅碗全部砸破，把军营全部烧毁，只带上三天的干粮，以此向士卒表示一定要决死战斗，毫无退还之心。

部队抵达前线，首先包围了王离部队，然后与秦军恶战，经过多次战斗，阻断了秦军所筑甬道，然后大败秦军，杀了苏角，俘虏了王离。涉间拒不降楚，自焚而死。

前来援救钜鹿的诸侯各军筑有十几座营垒，但慑于秦军的强大，没有一个敢发兵出战。楚军攻击秦军时，他们都只在营垒中观望。项羽奋勇当先，楚军战士以一当十，杀声震天，场面恐怖而震撼，诸侯军人人战栗胆寒。

项羽在打败秦军以后，召见诸侯将领。诸侯将领都跪行觐见，没敢仰视。自此，项羽真正成了诸侯的上将军，各路诸侯都归附于他。

章邯的军队驻扎在棘原，项羽的军队驻扎在漳河南，两军对阵，相持未战。由于秦军屡屡退却，秦二世派人来责问章邯。章邯害怕，派长史司马欣回朝廷去请示公事。

司马欣到了咸阳，在司马门等了三天，赵高竟不接见。由于赵高心生

不信任之意,长史司马欣有些害怕,连忙奔回棘原军中。司马欣害怕赵高追赶,返回时没有敢走原路。赵高果然派人追赶,当然没有追上。

司马欣回到军中,向章邯报告说:"赵高在朝廷中独揽大权,下面的人不可能有什么作为。如今仗能打胜,赵高必定嫉妒我们的战功;打不胜,我们更免不了一死。希望您认真考虑这些情况!"

陈馀也给章邯写信说:"白起为秦国大将,攻陷了楚都鄢郢,屠灭了赵括的军队,打下的城池,夺取的土地数也数不清,最后还是被赐死。蒙恬赶走了匈奴,在榆中开辟了几千里土地,最终也被杀害于阳周。这是因为他们战功太多,秦朝不可能一一给他们封赏,所以就从法律上找借口杀了他们。"

"您做秦将军已三年了,士卒损失以十万计,而各地诸侯的反叛仍在继续。赵高一向阿庾奉承,如今形势危急,他也害怕秦二世杀他,所以只能以您作战不力为借口,杀了将军来推卸罪责。您在外时间久了,朝廷里跟您有嫌隙的人就多,有功也是被杀,无功也是被杀。而且,上天要灭秦,不论是智者,还是愚者,谁都知道。"

"现在将军您在内不能直言进谏,在外已成亡国之将,孤自一人支撑着,难道你不觉得没有希望吗?将军您不如率兵掉头与诸侯联合一起攻秦,共分秦地,各自为王,南面称孤,这跟身受刑诛、妻儿被杀相比,哪上算呢?"

章邯犹疑不决,秘派军候始成去见项羽,想与项羽订立和约。项羽没有同意,命令蒲将军日夜不停地率兵渡过三户津,在漳河之南驻扎下来,与秦军交战,再次击败秦军。项羽又率领全部官兵在汙(yú)水攻击秦军,把秦军打得大败。

　　章邯又派人来向项羽求和。项羽召集军官们商议说："部队粮草不多,我想答应和他们订约。"军官们都说:"好。"项羽就和章邯约好日期在洹(huán)水南岸的殷墟上会晤。

　　订完了盟约,章邯见了项羽,禁不住流下眼泪,向项羽述说了赵高的种种劣行。项羽封章邯为雍王,把他安置在项羽的军中。任命司马欣为上将军,统率秦军担当先头部队。

　　部队到了新安。诸侯军的官兵以前曾经被征徭役,驻守边塞,路过秦中时,秦官兵对待他们很粗野,等到秦军投降之后,诸侯军的官兵乘机报复,像对待奴隶一样地使唤他们,侮辱他们。

　　秦军官兵很多人私下议论:"章将军骗我们投降了诸侯军,如果能入关灭秦,倒是很好;如果不能,诸侯军把我们退回关东,秦朝廷必定会把我们的父母妻儿全部杀掉。"

　　诸侯军将领把这些议论报告给了项羽。项羽召集黥布、蒲将军商议道:"秦军官兵人数仍很多,他们内心还不服,如果到了关中不听指挥,事情就危险了,不如把他们杀掉,只带章邯、长史司马欣、都尉董翳(yì)进入秦地。"于是楚军趁夜把秦军二十余万人击杀坑埋在新安城南。

　　项羽带兵西行去夺取秦地。到了函谷关,关内有士兵把守,无法进入。又听说沛公已经攻下了咸阳,项羽非常生气,就派当阳君等攻打函谷关。这样项羽才进了关,一直到戏水之西。

　　当时,沛公的军队驻扎在霸上,没能跟项羽相见。沛公的左司马曹无伤派人告诉项羽说:"沛公想在关中称王,让秦王子婴为相,珍奇宝物都占为己有了。"

　　项羽大怒说:"明天准备酒食,好好犒劳士卒,给我把沛公的部队打垮!"这时候,项羽有兵卒四十万,驻扎在新丰鸿门;沛公有兵卒十万,驻扎在霸上。

范增劝项羽说:"沛公在山东的时候,贪图财货,宠爱美女。现在进了关中,财物不取,女色不近,看势头他的志气可不小啊。我让人观望云气,咸阳那边的云气都呈现为龙虎之状,五彩斑斓,这是天子的瑞气呀。希望您赶快进攻,不要错失良机!"

楚国的左尹项伯,是项羽的叔父,一向跟留侯张良要好。张良这时正跟随沛公,项伯连夜驱马跑到沛公军中,私下会见了张良,把楚军发生的事情全都告诉了他,想叫张良跟他一起离开。

项伯说:"不要跟沛公一块儿送死啊。"张良说:"我是为韩王来护送沛公的,沛公如今情况危急,我若逃走就太不仁不义了,不能不告诉他。"张良于是进入军帐,把项伯的话全部告诉了沛公。

沛公大为吃惊,说:"该怎么办呢?"张良说:"是谁给您出的派兵守关这个主意?"沛公说:"是一个浅陋小人劝我说:'守住函谷关,不要让诸侯军进来,您就可以占据整个秦地称王了。'所以我听了他的话。"

张良说:"您认为您的兵力敌得过项王吗?"沛公沉默了一会儿说:"当然敌不过。"张良说:"让我去告诉项伯,就说沛公是不敢背叛项王的。"沛公说:"您跟项伯有交情?"张良说:"当初项伯杀了人,我帮他免了死罪。如今情况危急,他就来告诉我。"

沛公说:"你们两人谁的年龄大?"张良说:"他比我大。"沛公说:"您

替我请他进来，我要像对待兄长一样侍奉他。"项伯进来与沛公相见。沛公捧着酒杯，向项伯献酒祝寿，又和项伯定下了儿女婚姻。

沛公说："我进驻函谷关以后，财物秋毫不敢动，登记了官民的户口，查封了各类仓库，只等着项将军到来。我所以派将守关，是为了防备盗贼窜入和意外的变故。我们日夜盼着项将军到来，哪里敢谋反啊！希望您详细转告项将军，我绝不敢忘恩负义啊。"

项伯答应后对沛公说："明天可千万要早点儿来向项王道歉。"沛公说："好吧。"于是项伯又乘夜离开，回到军营中，把沛公的话一一报告了项王。

他说："如果不是沛公先攻破关中，您怎么敢进关呢？如今人家有大功反而要攻打人家，这是不符合道义的，不如就此好好对待他。"项王答应了。

第二天一清早，沛公带着一百多名侍从来见项王，到达鸿门，向项王赔罪说："我跟将军合力攻秦，将军在河北作战，我在河南作战。却没想到我能先入关攻破秦都，能够在这里又见到您。

现在是有小人说了坏话,才使得将军和我之间产生了嫌隙。"

项王说:"是您的左司马曹无伤说的,不然,我怎么会这样!于是让沛公留下,用酒宴招待。项王、项伯面朝东坐,亚父面朝南坐。亚父也就是范增。沛公面朝北坐,张良面朝西陪侍着。

范增好几次给项王递眼色,又好几次举起身上佩戴的玉玦向他示意杀掉沛公,项王只是沉默着,没有反应。

范增起身出去叫来项庄,对他说:"君王为人心肠太软,你进去上前献酒祝寿,然后请求舞剑,趁机刺杀沛公。不然的话,你们这班人都将成为人家的俘虏。"

项庄进来上前献酒祝寿。祝酒完毕,对项王说:"君王和沛公饮酒,军营中没有什么可以娱乐的,就让我来舞剑吧。"项王说:"那好。"项庄拔剑起舞,项伯也拔剑起舞,并不断用身体掩护沛公,使项庄没有办法刺击沛公。

见此情景,张良走到军门,找来樊哙。樊哙问道:"今天的事情怎么样?"张良说:"很危急!现在项庄正在舞剑,他一直在打沛公的主意呀!"樊哙说:"这么说太危险啦!让我进去,我要跟沛公同生死!"

樊哙带着宝剑拿着盾牌就往里闯。交叉持戟的卫士想挡住不让他进去,樊哙侧过盾牌往前一撞,卫士们仆倒在地,樊哙于是闯进军门,挑开帷帐面朝西站定,睁圆眼睛怒视项王,头发根根竖起,两边眼角都要睁裂了。

项王伸手握住宝剑，挺直身子，问："这位客人是干什么的？"张良说："是沛公的护卫樊哙。"项王说："真是位壮士！赐他一杯酒！"樊哙接过酒就喝。项王说："赐他一只猪肘！"樊哙把盾牌反扣在地上，把猪肘放在上面，拔出剑来边切边吃。项王说："好一位壮士！还能再喝吗？"

樊哙说："我连死都不在乎，还在乎一杯酒！秦王虎狼之心，唯恐把天下人杀不完，唯恐给人把刑法用不尽，天下人都叛离了他。怀王曾经和诸将约定说'先入咸阳者王之'。如今沛公先击败秦军进入咸阳，封闭秦王宫室，财物秋毫不犯，把军队撤回到霸上，等待大王您的到来。"

"他采取非常措施，派遣将士把守函谷关，防备盗贼窜入和意外发生。沛公如此劳苦功高，没有得到封侯赏赐，您反而听信小人的谗言，要杀害有功之人。这只能是走秦朝灭亡的老路，我认为大王您不应该这样做！"

一番话说得项王无话回答，只是说："坐！"樊哙挨着张良坐下来。一会儿，沛公起身上厕所，顺便把樊哙叫了出来。

沛公出去后，项王派都尉陈平来叫沛公。沛公对樊哙说："现在我出来，没有来得及告辞，怎么办？"樊哙说："干大事不必顾及小的礼节，讲大节无须躲避小的责备，如今人家好比是刀子砧板，而我们好比是鱼是肉，还告辞干什么！"

于是一行人准备离开,让张良留下来向项王致歉。张良问:"大王来的时候带了什么礼物?"沛公说:"我拿来白璧一双,准备献给项王;玉斗一对,准备献给亚父。正赶上他们发怒,没敢献上。您替我献上吧。"张良说:"遵命。"

项王部队驻扎在鸿门,沛公部队驻扎在霸上,两军相距四十里。沛公扔下车马和其他侍从,自己骑上马,仅带着樊哙、夏侯婴、靳强、纪信等四人从骊山而下,顺着芷阳地方小路疾奔。

沛公临行前对张良说:"取这条路到军营超不过二十里,估计我们到了军营,您就进去。"张良估计时间差不多了,就进去致歉:"沛公酒量不大,喝得多了点儿,不能跟大王告辞了。谨让臣下张良捧上白璧一双,恭敬地献给大王足下;玉斗一对,恭敬地献给大将军足下。"

项王问道:"沛公在什么地方?"张良答道:"听说大王有意责怪他,他就脱身一个人走了,现在已经回到军营。"项王接过白璧,放在座位上。

亚父接过玉斗,扔在地上,拔出剑把它击碎,气愤地说道:"唉!项王这小子我没法跟他们共谋大事,夺取项王天下的,一定是沛公了。我们这班人就要成为俘虏了!"

沛公回到军中,立即杀了曹无伤。过了几天,项羽率兵西进,屠戮咸阳城,杀了秦降王子婴,焚烧秦朝宫室,大火三个月不灭;然后劫掠了秦朝的财宝、妇女,往东去了。

有人劝项王说："关中这块地方有山河为屏障,土地肥沃,可以成就霸业。"但项王看到秦朝宫室被火烧得残破不堪,又思念家乡,就说:"富贵不回故乡,就像穿了锦绣衣裳在黑夜中行走啊。"那个人说:"人说楚国人就像是猕猴戴了人的帽子,果真是这样。"项王听见这话后,把那个人扔进锅里煮了。

项王派人向怀王禀报破关入秦的情况。怀王说:"就按以前的约定办。"于是项王给了怀王一个徒具虚名的尊贵称号叫"义帝"。

项王打算自己称王,就先封手下将相为王,他说:"起事之初,立了诸侯的后代为王,为的是讨伐秦朝。然而身披坚甲,手持利兵,灭掉秦朝的都是靠各位将相和我的力量啊。义帝虽说没什么战功,但分给土地让他做王也是应该的。"诸将都说:"好。"

项羽于是就分封天下,立诸将为侯王。项王、范增担心沛公据有天下,但又顾忌当初的诸侯之约和鸿门承诺,于是暗中谋划道:巴、蜀两郡道路险阻,秦朝流放的人都居住在那里。巴、蜀也算关中的地盘。因此就立沛公为汉王,统治巴、蜀、汉中之地,建都南郑。

项王又把关中分为三块,封秦朝的三名降将为王,以阻断汉王的东出之路。立章邯为雍王,辖咸阳以西的地区,建都废丘;立司马欣为塞王,辖咸阳以东到黄河的地区,建都栎阳;立董翳为翟(dí)王,辖上郡,建都高奴。

然后,改立魏王豹为西魏王,统治河东,建都平阳。瑕丘申阳本是张耳宠幸的大臣,他首先攻下河南郡,在黄河岸边迎接楚军,所以立申阳为河南王,建都洛阳。韩王成仍居旧都,建都阳翟。

赵将司马卬平定河内,屡有战功,因此立司马卬为殷王,辖河内,建都朝歌。改立赵王歇为代王。赵相张耳一向贤能,又跟随项羽入关,因此立张耳为常山王,辖赵地,建都襄国。

当阳君黥布做楚将,战功在楚军中一直属第一,因此立黥布为九江王,鄱(pó)君吴芮(ruì)率领百越将士协助诸侯,又跟随项羽入关,因此立吴芮为衡山王,建都邾(zhū)县。义帝的柱国共(gōng)敖率兵攻打南郡,战功多,因此立共敖为临江王,建都江陵。

改立燕王韩广为辽东王。燕将臧荼跟随楚军救赵,又随军入关,因此立臧荼为燕王,建都蓟县。改立齐王田市为胶东王,齐将田都随楚军一起救赵,接着又随军入关,因此立田都为齐王,建都临菑(zī)。

当初被秦朝灭亡的齐王建之孙田安,在项羽渡河救赵的时候,曾攻下济水之北的几座城池,率领他的军队投降了项羽,因此立田安为济北王,建都博阳。

田荣多次有背于项梁,又不跟随楚军攻打秦军,因此不封。成安君陈馀因与张耳抵牾,抛弃将印而离去,也不跟随楚军入关,但他一向以贤能闻名,又对赵国有功,因为他在南皮,所以把南皮周围的三个县封给他。番(pó)君吴芮的部将梅鋗(xuān)战功多,因此封他为十万户侯。项王自立为西楚霸王,统治九个郡,建都彭城。

汉高帝元年(前206年)四月,诸侯受封已毕,在戏下约定罢兵,然后分别前往各自的封国。项王也出了函谷关,来到了自己的封国。

项王派人让义帝迁都,他说,古时候帝王拥有土地纵横千里，而且一定要居住在河流的上游，就把义帝迁到长沙郴（chēn）县去。使者催促义帝起程，左右群臣渐渐叛离，项王于是秘密派衡山王、临江王把义帝截杀于大江之中。

韩王成没有军功，项王不让他到封国去，带他一起到了彭城，废为侯，不久又杀了他。

臧荼到了封国，就驱逐韩广去辽东，韩广不听从，臧荼在无终杀了他，把他的土地并为己有。

田荣对项羽改封齐王市到胶东，而立齐将田都为齐王非常愤怒，于是就不让齐王迁往胶东。然后占据齐地，起兵反楚，攻击田都。田都逃往楚国。

齐王市害怕项王，偷偷向胶东逃去，奔赴封国。田荣发怒，就追赶他，把他杀死在即墨，并自立为齐王。田荣又向西进攻并杀死济北王田安，全部统治了三齐之地。田荣把将军印授给彭越，让他在梁地反楚。

陈馀派张同、夏说（yuè）劝田荣说："项羽很不公道。他把以前的诸侯王都封在坏地方，而把他自己的群臣诸将都封在好地方，驱逐了原来的君主赵王，让他往北徙居到代地，这是不合适的。大王您已起兵反楚，希望大王您能接济我一部分兵力，让我去攻打常山，恢复赵王原有的地盘。我愿用我们的国土给你们齐国做屏障。"

齐王答应了，就派兵赴赵。陈馀发动三县全部兵力，跟齐军合力攻打常山，把常山王打得大败。张耳逃走去归附汉王。陈馀从代地把原赵王歇接回赵国。赵王因此立陈馀为代王。

这时候,汉王率军回击关中,平定了三秦。项羽听说汉王已经兼并了关中,将要东进;齐国、赵国又都背叛了自己,非常生气。于是用以前的吴县令郑昌为韩王,抵挡汉军。命令萧公角等攻打彭越,但彭越却打败了萧公角等。

汉王派张良去夺取韩地,并送给项王一封信说:"汉王失去了做关中王的封职,所以想要得到关中,若能遵循以前的约定,我们就立即停止进攻,不敢再向东进。"又把齐、梁二地的反叛书送给项王,说:"齐国跟赵国想一起灭掉楚国。"楚军因此就放弃了西进的打算,向北去攻打齐国了。

项王向九江王黥布征调部队。黥布推托有病,不肯亲自去,只派部将率领几千人前往。项王因此怨恨黥布。

汉高帝二年冬天,项羽向北到达城阳,田荣也带领部队来与项羽决战。田荣兵败后逃到平原,平原的百姓把他杀了。

项羽于是北进,烧平了齐国的城市房屋,活埋了田荣手下投降的士兵,掳掠了齐国的老弱妇女,夺取齐地直到北海。

齐国人痛恨项羽,一起反抗。田荣的弟弟田横收集了齐军逃散的士卒几万人,在城阳反击楚军。项王的进攻因此而停滞下来。

这一年春天,汉王率领五个诸侯国的兵马,共五十六万人,向东进兵讨伐楚国。项王听到这个消息,就命令诸将攻打齐国,他自己又率领精兵三万人向南从鲁县穿过胡陵,返回楚国。四月,汉军已全部进入彭城，掳掠那里的财宝、美人，每天摆酒席大会宾客。

项王引兵西行奔向萧县，从早晨开始，一边攻打汉军，一边向东推进，打到彭城，已是中午时分，把汉军打得大败。汉军四处逃散，前后相随掉进谷水、泗水，楚军杀了汉兵卒十多万人。汉兵向南逃入山地，楚军又追击到灵壁东面的睢水边上。

汉军后退，楚军紧追不舍，汉军乱成一片，很多人被踩踏受伤而死，十余万人被挤进睢水，睢水因此堵塞。楚军把汉王里外围了三层，汉王性命岌岌可危。

正在这个时候，狂风从西北方向刮起，摧折树木，掀毁房舍，飞沙走石，刮得天昏地暗，白天变成了黑夜，楚军大乱，队阵崩溃，这样，汉王才得以带领几十名骑兵慌忙逃离战场。

汉王原打算从沛县经过，接取家眷西逃。不料楚军也派人追到沛县，去抓汉王的家眷。可汉王家眷已经逃散，谁都没有见着。

汉王在路上遇见了孝惠帝和鲁元公主，就把他们带上车。楚军骑兵在后面追赶，汉王感到情况危急，又把孝惠帝、鲁元公主推下了车。夏侯婴赶紧下车把他俩重新扶上车，并对汉王说："情况再危急，也不能把他们抛弃啊。"这样推下扶上了好几次，姐弟俩才得以逃脱。

审食其(yì jī)，跟随着太公、吕后寻找汉王，却偏偏碰上了楚军。楚军就带着他们回来，向项王报告。项王一直把他们留置在军中当作人质。

吕后的哥哥周吕侯为汉王带兵驻守下邑,汉王逃到这里才稍作喘息,得以收集逃散的汉军士卒。到荥阳时,各路败军都已会集,萧何也把关中没有载入兵役名册的老弱人丁全部都带到荥阳,汉军重新振作。

楚军从彭城出发,一路追杀汉军到荥阳附近,在荥阳南面的京邑、索邑之间遇到了汉军的狙击。汉军打败了楚军,战线得以稳定。

乘着项王攻打汉王,把兵力转向荥阳之机,田横也得以恢复了齐地,立田荣的儿子田广为齐王。

汉王在彭城失败的时候,诸侯又都归附楚而背叛了汉。汉王驻扎在荥阳,筑起两边有墙的甬道,和黄河南岸相连接,用以取得敖仓的粮食。

汉三年(前204),项王多次侵夺汉王的甬道,汉王粮食匮乏,心里恐慌,请求讲和,条件是把荥阳以西的地盘划归项王。

项王打算接受这个条件。但历阳侯范增说:"汉军现在容易对付了,如果把它放走,以后一定会后悔的!"于是项王和范增立即包围了荥阳。

汉王很担心,就用陈平的计策离间项王。项王的使者来了,汉王让人准备了特别丰盛的酒筵,端过来刚要进献,一见使者又装作惊愕的样子说道:"我们以为是亚父的使者,没想到却是项王的使者。"把酒筵又撤了回来,换上粗劣的饭食给项王使者吃。

使者回去向项王报告，项王竟怀疑范增和汉王有私情，渐渐地把他的权力剥夺了。范增非常气愤，说："天下事大局已定，君王您自己看着办吧。希望您把这把老骨头赐还给我，让我回乡吧。"项王答应了他的请求。

范增在返回彭城的路上，背上毒疮发作身亡。

汉将纪信给汉王出主意说："形势危急，请让我假扮成大王去诓骗楚兵，您可以趁机逃走。"于是汉王趁夜从荥阳东门放出二千名身披铠甲的女子，楚兵立即从四面围打上去。纪信乘坐着天子的黄屋车大声说：城中粮食已吃完了，汉王投降。"楚军一起欢呼万岁。

汉王这时带着几十名骑兵从城西门逃出到了成皋。项王见到纪信问道："汉王在哪儿？"纪信说："汉王已经出城。"项王把纪信烧死了。

汉王派御史大夫周苛、枞（cōng）公、魏豹等把守荥阳。周苛、枞公商议道："魏豹是曾经叛变过的君王，难以和他一块守城。"于是就一起杀了魏豹。

楚军攻下荥阳城，活捉了周苛。项王对周苛说："给我做将军吧，我任命你为上将军，封你为三万户侯。"周苛骂道："你若不快快投降汉王，汉王就要俘虏你了，你不是汉王的对手。"项王发怒，煮死了周苛，杀死了枞公。

汉王逃出荥阳后，向南跑到宛县、叶县，遇到九江王黥布，他一边行进，一边收集士兵，重新进入成皋，驻守在那里。汉四年（前203年），项王进兵包围城皋。

汉王又逃走，一个人带着滕公出了成皋北门，渡过黄河，逃向修武，去投奔张耳、韩信的部队。诸将也陆续逃出成皋，追随汉王。楚军因此拿下成皋，想要西进。汉王派兵在巩县抵抗，阻断了楚军西进的去路。

这时候，彭越渡过黄河，在东阿攻打楚军，杀了楚国将军薛公。项王于是亲自率兵东进攻打彭越。汉王得到淮阴侯的部队，想要渡黄河南进。

郑忠劝阻汉王，汉王才停止南进，在黄河北岸修筑营垒驻扎下来。汉王派刘贾率兵去增援彭越，烧毁了楚军的粮草辎重。项王继续东进，打败了刘贾，赶跑了彭越。

汉王这时就率领部队渡过黄河，又拿下了成皋，在西广武扎营，以附近敖仓的粮食为补充。

项王东击彭越，打败了刘贾，已经平定了东方，现在又回过头来西进，在东广武

与汉军隔着广武涧扎下营来，两军各自坚守，持续了好几个月。

这时，彭越几次往返梁地，断绝了楚军的粮食，项王为此深感忧虑。于是，他做了一张高腿案板，把汉王父亲太公搁置在上面，向汉王宣告说："现在你如果不赶快投降，我就把太公煮死。"

汉王说："我和项羽作为臣子一块接受了怀王的命令，曾说'相约结为兄弟'，这样说来，我的老子也就是你的老子，如果你一定要煮了你的老子，就希望你能分给我一杯肉汤喝。"

项王大怒，要杀太公。项伯说："天下事还不知道怎么样呢，再说要夺天下的人是不顾及家的，杀了他也不会有什么好处，只会增加祸患罢了。"项王听从了项伯的话。

楚、汉长久相持，胜负未决。项王对汉王说："天下纷乱好几年，只是因为我们两人的缘故。我希望跟汉王挑战，一决雌雄。再不要让百姓老老小小白白地受苦。"

汉王笑着回绝说："我宁愿斗智，也不斗力。"项王让勇士出营挑战，汉军有善于骑射的楼烦，楚兵挑战好几次，楼烦每次都把他们射死。

项王大怒，就亲自披甲持戟出营挑战。楼烦搭箭正

要射,项王瞪大眼睛向他大吼一声,楼烦吓得眼睛不敢正视,两只手不敢放箭,转身逃回营垒,不敢再出来。汉王派人一打听,才知道原来是项王,汉王大为吃惊。

此后,项王和汉王分别站在广武涧东西两边对话。汉王一桩一桩地列举了项王的罪状,项王很生气,要和汉王决一死战。汉王不听。项王埋伏下的弓箭手射中了汉王,汉王受了伤,跑进成皋。

项王听说淮阴侯韩信已经攻克了河北,打败了齐、赵两国,而且正准备向楚军进攻,就派龙且前去迎击。淮阴侯与龙且交战,汉骑将灌婴也赶来了,把楚军打得大败,杀了龙且。

韩信趁此机会自立为王。项王听到龙且军败的消息,心里害怕了,派盱台人武涉前去游说淮阴侯,劝他联楚背汉,与楚汉三分天下。淮阴侯不听。

这时候,彭越又返回梁地,断绝了楚军的粮道。项王对海春侯大司马曹咎等说:"你们要谨慎地守住成皋,如果汉军挑战,千万不要和他们交战,只要别让他们东进就行。十五天之内,我一定杀死彭越,平定梁地,回来再跟将军们会合。"于是带兵向东进发,一路上攻打陈留、外黄。

外黄迟迟不肯投降,项王很是生气,准备把外黄十五岁以上的男子全部活埋在城东。

外黄县令门客的儿子年十三岁，劝项王道："彭越军威胁外黄，外黄人害怕，所以才姑且投降，为的是等待大王。大王来后又要活埋外黄人，百姓谁还敢归附大王？从这向东，梁地十几个城邑的百姓都会很害怕，就没有人肯归附您了。"

项王认为他的话对，就赦免了准备活埋的那些人。项王东进睢阳县，睢阳人听到这情况都争着归附项王。

在成皋，汉军果然多次向楚军挑战，楚军都没出来。汉军就一连五六天派人去辱骂他们，大司马曹咎气愤不过，就派兵出击，士卒刚渡到汜水中间，汉军出击，大败楚军，缴获了楚军的全部物资。大司马曹咎、长史董翳、塞王司马欣等都在汜水边上自刎了。

项王在睢阳听说海春侯的军队被打败了，就带兵往回赶。汉军当时正把楚将钟离眜（mèi）包围在荥阳东边，项王赶到，汉军害怕楚军，全部逃入附近的山地。

汉王派陆贾去劝说项王，要求放回太公，项王不答应。汉王又派侯公去劝说项王。此时，汉军粮草充足，项王士卒疲惫，粮食告绝，于是项王跟汉王定约平分天下，约定鸿沟以西的地方划归汉，鸿沟以东的地方划归楚。

项王立即放回了汉王的家属。汉军官兵都呼喊万岁。汉王于是封侯公为平国君，让他隐匿起来，不肯再跟他见面。还说："这个人是天下的善辩之士,他待在哪国,就会使哪国倾覆,所以给他个称号叫平国君。"

项王订约后,就带上队伍东归了。汉王也想撤兵西归,但张良、陈平说道:"汉已据天下的大半,诸侯又都归附于汉。而楚军已兵疲粮尽,这正是上天亡楚之时。不如索性趁此机会把它消灭。如果现在放走项羽,就等于放虎归山,养虎为患。"

汉王听从了他们的建议。汉五年(前202年),汉王追赶项王到阳夏南边,让部队驻扎下来,并和淮阴侯韩信、建成侯彭越约好日期会合,共同攻打楚军。汉军到达固陵,而韩信、彭越的部队按兵不动。结果楚军把汉军打得大败。汉王又逃回营垒,掘深壕沟坚守。

汉王问张良道:"诸侯不遵守约定,怎么办?"张良回答说:"楚军快被打垮了,韩信和彭越还没有得到分封的地盘,所以,他们不来是很自然的。君王如果能和他们共分天下,就可以让他们立刻前来。如果不能,形势就难以预料了。"

汉王于是派出使者告诉韩信、彭越说:"你们跟汉王合力击楚,打败楚军之后,从陈县往东至海滨一带地方给齐王,睢阳以北至穀城的地方给彭相国。"使者到达之后,韩信、彭越都说:"我们今天就带兵出发。"

韩信从齐国起行,刘贾的部队从寿春和他同时进发,屠戮了城父,到达垓下。大司马周殷叛离楚王,以舒县的兵力屠戮了六县,发动九江兵力，随同刘贾、彭越一起会师在垓下，逼向项王。

项王的部队在垓下修筑了营垒，兵少粮尽，汉军及诸侯兵把他团团包围。深夜，汉军在四面唱着楚地的歌，项王大为吃惊，说："难道汉军已经完全取得了楚地？怎么有这么多的楚国人呢？"

项王在军帐中把盏点灯，借酒浇愁。望着跟随他的虞美人和骏马骓，不禁慷慨悲歌："力拔山兮气盖世，时不利兮骓不逝，骓不逝兮可奈何，虞兮虞兮奈若何？"美人虞姬在一旁应和。项王眼泪流了下来，左右侍者也都跟着落泪。

项王见形势不妙，就骑上马，带领部下壮士八百多骑跟在后面，趁夜突破重围，飞驰而逃。天快亮的时候，汉军发觉项王逃跑，汉王命令骑将灌婴带领五千骑兵去追赶。

项王渡过淮河，部下壮士只剩下一百多人了。项王到达阴陵，迷了路，去问一个农夫，农夫骗他说："向左边走。"项王带人向左，陷进了大沼泽地中。汉兵追上了他们。

项王又带着骑兵向东，到达东城，这时只剩下二十八人了，但追赶上来的汉军骑兵有几千人。项王对部下说："我带兵至今已经八年，亲自打了七十多仗，所抵挡的敌人都被打垮，所攻击的敌人无不降服，我从来没有失败过，因而能够称霸天下。"

他说:"如今被困在这里,这是上天要灭亡我,决不是作战的过错。我今天决心战死,愿意给诸位打个痛快仗,一定胜它三回,给诸位冲破重围,斩杀汉将,砍倒汉旗,让诸位知道的确是上天要灭亡我,决不是作战的过错。"

于是把骑兵分成四队,面朝四个方向。汉军把他们包围起几层。项王对骑兵们说:"我来给你们拿下一员汉将!"命令四面骑士驱马飞奔而下,约定冲到山的东边,分作三处集合。

项王首先高声呼喊着冲了下去,汉军闻风丧胆,纷纷溃散。项王杀掉了一名汉将,看到赤泉侯杨喜为汉军骑将,在后面追赶过来,项王瞪大眼睛大呵一声,赤泉侯连人带马都吓得倒退了好几里。项王与他的骑兵在三个约定处会合了。

汉军把部队分为三路,再次包围上来。项王驱马冲了上去,又斩了一名汉军都尉,杀死有百八十人,聚拢骑兵,仅仅损失了两人。项王问道:"怎么样?"骑士们都敬服地说:"大王说的没错。"

项王杀到了乌江边上,乌江亭长正停船靠岸等项王。亭长说:"江东虽然小,但土地纵横各有一千里,民众有几十万,也足够称王。大王快上船渡江吧。一会儿汉军到了就没法渡过去了。"

项王笑了笑说:"上天要灭亡我,我还渡乌江干什么!再说我和江东子弟八千人渡江西征，如今没有一个人回来，纵使江东父老兄弟怜爱我让我做王，我又有什么脸面去见他们？纵使他们不说什么，我项籍难道心中没有愧吗？"

项王牵着马对亭长说："我知道您是位忠厚长者，我骑着这匹马征战了五年，所向无敌，它日行千里，我不忍心杀掉它，把它送给您吧。"然后命令骑士都下马，手持短兵器与追兵交战。光项籍一个人就杀掉汉军几百人。项王身上也有十几处负伤。

项王回头看见汉军骑司马吕马童，说："这不是我的老熟人吗？"马童怯生生地看了一下项王，指给王翳说："这就是项王。"项王说："我听说汉王用黄金千斤，封邑万户悬赏要我的脑袋，我就把这份好处送你吧！"说完，自刎而死。

王翳拿下项王的头，其他骑兵互相争抢项王的躯体，由于相争而互相杀死的有几十人。最后，郎中骑将杨喜，骑司马吕马童，郎中吕胜、杨武各争得一段肢体。

汉王把项羽的土地分成五块：封吕马童为中水侯，封王翳为杜衍侯，封杨喜为赤泉侯，封杨武为吴防侯，封吕胜为涅（niè）阳侯。

项王已死，楚地只有鲁县不投降汉王，汉王率兵想要屠戮鲁城，但考虑到他们恪守礼义，为君主守节不惜一死，就拿着项王的头给鲁人看，鲁地父老这才投降。

当初，楚怀王封项籍为鲁公，等他死后，鲁国又最后投降，所以，按照鲁公这一封号的礼仪把项王安葬在穀城。汉王给他发丧，哭了一通后才离去。

项氏宗族各旁枝，汉王都不加杀戮。封项伯为射阳侯。桃侯、平皋侯、玄武侯都属于项氏，汉王赐姓刘。

太史公说："周先生曾对我说过舜帝可能是双眼仁，我听说项羽也是双眼仁，难道项羽是舜的后裔不成？不然他的发迹怎么会如此突然呢！秦朝失去了政德，陈涉首先发难，各路豪杰并起，兼并相争者不可胜数，项羽无所凭借，起于陇亩之中，仅仅三年时间就率领五国诸侯灭了秦朝，他分地封王，发号司令，自称霸王，时间虽然不长，但自近古以来还不曾有过。至于项羽放弃关中回到楚国，放逐义帝，自立为王，又埋怨诸侯背叛自己，这就大错特错了。他自夸战功，依着自己的性情做事，不师法古人，不借鉴历史，想成就霸王之业，想靠武力征服天下，结果五年时间就丢了国家。他身死东城仍不觉悟，也不自责，这也太不应该了。他竟然用'天亡我，非用兵之罪'来为自己开脱，这难道不荒谬吗？"

高祖本纪第八

人物像

刘邦

项羽

樊哙

项梁

萧何

吕雉

范增　　　　　　张良　　　　　　韩信

项伯　　　　　项庄　　　　　陈平　　　　　太公

高祖本纪第八

汉高祖刘邦出身平民,字季,沛郡丰邑中阳里人。人们尊称他的父母亲为刘太公和刘媪。

汉高祖的出生极富传奇色彩。相传,刘媪正躺在大泽边上休息。刘太公前来寻找她,但见电闪雷鸣,天色阴暗,一条蛟龙爬在夫人刘媪身上。不久,刘媪就有了身孕,生下了刘邦。

刘邦生得很特别,高高的鼻梁,一脸漂亮的胡须,左腿上有七十二颗黑痣,很有帝王相。他仁厚爱人,乐善好施,小时候就很有抱负,但不喜欢普通人的生产劳作。

成年后,刘邦通过考试做了官,成为泗水亭亭长。他自视甚高,目中无人,看不起县中官吏,属下无不受到他的轻慢和戏弄。

刘邦喜好喝酒与女色,

常到王媪、武负那里赊酒喝，喝醉了躺倒就睡。每次他来了，买酒的人都会成倍增加。武负、王媪看到他身上有龙出现，觉得很奇怪，到了年终，就将他赊的账全免了。

刘邦曾经到咸阳去服徭役，有一次秦始皇出巡，刘邦由头观看到尾，他长叹一声，不无感慨道："唉，大丈夫就当像秦始皇帝这样啊！"这次偶遇秦始皇，对刘邦的触动很大。

沛县县令有个好朋友吕公，为躲避仇家，由单父投奔县令，后来就在沛县安了家。沛中的豪杰、官吏们听说县令家来了贵客，纷纷前去祝贺。

县衙主吏萧何负责收受贺礼，他订了规矩："礼钱不满千金的，都坐在堂下。"刘邦在进见的名帖上谎称"贺钱万"，其实连一个钱也没有带。刘邦谒见，吕公见了大吃一惊，一直迎到了门口。

吕公擅长相面，看了刘邦的相貌，非常敬重他，一直把他领到堂上就坐。萧何不满，说："刘邦向来好说大话，成不了事。"刘邦心里有气，又不好明说，便有意戏弄宾客，直接坐到上座，一点儿也不谦让。

酒筵将尽，吕公用眼睛示意刘邦留下来。刘邦会意，留到最后。吕公说："我从小喜好给人看相，看过的人已有很多了，还没有一个人有你

的面相好,希望你好自为之。我的女儿吕雉正值婚配年龄,愿许与你为妻。"

酒罢客散,吕夫人大为光火,说:"你一直认为这个女儿不同寻常,要把她许配给个贵人,县令想娶你都不同意,为什么就随便地许给了刘季?"

吕公不以为然,说:"这不是女人家所能懂得的。"坚持将女儿吕雉嫁给了刘邦。吕公之女就是吕后,她后来为刘邦生下了孝惠帝和鲁元公主。

刘邦经常告假回家处理农事。有一次,吕后带着两个孩子在田里除草,一个从田间路过的长者向她讨水喝。吕后给了他水,还顺带给了一些吃的。

长者看了吕后面相,说:"夫人是天下贵人。"吕后又让他给两个孩子看。长者看着孝惠帝,说:"夫人所以显贵,正是因为这个男孩子。"他又给鲁元公主看相,也是富贵相。

长者前脚刚走,刘邦后脚便由邻家回来。吕后详尽地向他讲述了过路的客人怎样给她们母子三人相面,相的结果是母子几个都是大贵人。

刘邦向来知道自己面相好,但说是妻子如此富贵,还是出乎意料。刘邦将信将疑,想将事情弄个究竟,追问吕后,这个人现在在哪里。吕后回答说:"应该走不远。"刘邦听了,赶忙去追长者。

刘邦追上长者,向他询问相面的事,长者说:"方才我看过的夫人和孩子都与你的面相相似,您的面相更是贵不可言。"刘邦听了,心里大约明白了几分,感激地说:"假若真的如您老人家所说,我不会忘记您的恩德。"等刘邦当了皇帝,却已不知长者去向。

　　刘邦在做亭长时,就喜欢戴竹皮编的帽子,常让掌管捕盗的差役到薛地去找人制做。无论走到哪里,他都戴着竹皮冠。到后来显贵了,仍旧经常戴。后来被人们称之为"刘氏冠"的,就是这种帽子。

　　刘邦以亭长的卑微身份押送徒役去骊山,许多徒役在半道逃亡。他估计到了骊山,这些人就会全部逃光。走到丰西大泽,刘邦命令停下来饮酒,到夜晚趁机将人全放了。他对役徒们说:"你们都逃命去吧,我从此也要远走高飞了!"有十多人愿意跟随刘邦一起走。

　　大家连夜顺着草泽中的小路出逃,刘邦命一人在前面开道。一会儿,前边的人报告说:"有一条大蛇挡住了去路,还是先回去罢。"刘邦借着酒气,大义凛然地说:"壮士前行,有什么可怕的!"走到前面挥起宝剑,将大蛇斩为两段。

　　又走了几里路,刘邦的酒劲终于上来了,顺势躺在草泽之中睡着了。后边的人上来后,看到有个老妇人在黑暗中坐在刚才斩蛇的地方哭泣。问是何故,回答说:"有人杀了我的儿子,我在哭他!"

　　后边的人又问:"你的儿子为什么被杀?"老妇人说:"我的儿子是白

帝之子,变成了一条蛇,挡在道路中间,如今被赤帝之子杀了,所以才深更半夜坐在这里哭泣。"

大家认为老妇人说话不诚实,正思谋着要去报告刘邦,老妇人却忽然不见了。刘邦酒醒后,后边的人将这事告诉他,刘邦听了心里暗自高兴,他自认为是赤帝的儿子,很是了不起。那些跟从他的人,也日渐地敬畏他。

秦始皇帝常说:"东南方有天子之气。"他向东巡游,想借此把它压下去。刘邦怀疑此事与他有关,跑到芒、砀一带的深山湖泽去躲避。但每次,吕后他们都能够顺利地找到他,刘邦很奇怪。吕后就说:"你所在的地方,上空常有云气,顺着它就能找到你。"沛县的青年听说了此事,都愿意来依附他。

秦二世元年(前209年)秋天,陈胜、吴广在蕲县起事。沛县县令想率领县人响应。狱橡曹参和主吏萧何进言说:"您是秦廷命官,恐怕沛县的子弟不会听令于你,不如召回那些在外逃亡的人,来胁迫众人。"县令于是派樊哙去召刘邦。

樊哙跟从刘邦匆匆忙忙赶到沛县城下,县令却后悔了。县令知道刘邦心气高远,志不在沛,生怕事情有变,于是就关闭城门,据守城池,准备杀掉萧何、曹参。萧、曹二人害怕,逃出城来辅佐刘邦。

刘邦将一封帛书射到城上,向大家晓以利害。书曰:"天下受秦的残暴统治很久了,如今父老兄弟们虽然卖力替县令守城,但是诸侯们一同反秦,沛县很快就会遭到屠戮。不如顺从大势,从子弟中选择可以扶立的人拥立,响应各路诸侯,那样的话就可以保全大家的家室。"

父老们杀了沛令,迎刘邦进城,想让他来当县令。刘邦推说天下大乱,诸侯并起,选首领是大事,首领选择不当,就会适得其反,一败涂地。自己才疏学浅,恐不能保全父老兄弟,让大家另外推选。

萧何、曹参都是文官,害怕起事不成,反引来满门抄斩之祸,极力推让刘邦。众父老也说,他们都占了卜,没有人比刘邦更合适。刘邦数次谦让,众人都不敢当,于是大家就扶立刘邦出任沛公。

刘邦率人祭祀黄帝和蚩尤,把牲血涂在旗鼓上,以祭旗祭鼓,旗帜都是红色的,这是因为他是赤帝之子。又收集了诸如萧何、曹参、樊哙等在内的少年豪吏,共二、三千人,一起攻打胡陵、方与,退回后据守丰邑。

秦二世二年(前208年),泗川郡监平率秦兵包围了丰邑,两天后被刘邦击退。随后,刘邦命雍齿守卫丰邑,自己则率军前去攻打薛地,打败泗川郡守壮。壮逃到戚县,左司马曹无伤抓获壮杀了他。刘邦回师亢父,到达方与。

陈王派魏人周市前来攻打丰邑。周市差人对雍齿说："丰邑是过去魏国南迁之后的首都，现在魏地已基本平定，如果你现在归降魏国，就封你为侯驻守丰邑。否则，我们就要屠城。"雍齿本来就不愿依附刘邦，便反刘投魏。

　　刘邦驱兵攻打丰邑，没有能攻下，再加上生病，回到沛县。听说东阳宁君、秦嘉扶立景驹为"假王"，驻守在留县，刘邦于是前去投奔他，想向他借兵去攻打丰邑。这时候，秦将章邯正在追击陈胜的军队，别将司马仁带兵向北平定楚地，屠戮了相县，到达砀县。

　　东阳宁君和刘邦领兵向西，与司马仁在萧县西交战，战势不利，收兵退回留县，又去攻打砀郡。经过三天激战，夺下砀郡，收集到残兵五六千人，又攻下邑，回师丰邑。

　　刘邦听说项梁在薛地，就带着一百多随从骑兵前去见项梁。项梁又给了他五千兵卒，五大夫级别的将领十人。从薛地回来后，刘邦又带兵去攻打丰邑。

　　刘邦跟随项梁有一个多月，项羽已经攻下襄城回来了。项梁听

说陈王已经死了，把各路将领全部召集到薛地，扶立楚怀王之孙熊心为楚王，建都盱台。项梁号为武信君。

　　几个月后，项梁向北攻打亢父，援救东阿，击败了秦军。齐国军队回去了，楚军单独去追击败逃之敌。另命刘邦、项羽去攻打城阳，屠戮了城阳守军。项梁也在濮阳之东再破秦军。

　　秦军重整军队，据守濮阳，引水环卫全城。楚军撤兵去攻打定陶，没

有攻下。刘邦和项羽向西夺取土地，在雍丘大败秦军，斩杀秦将李由。又回师去攻打外黄。

项梁第二次打败秦军后面露骄色，大将军宋义进谏，项梁不听。前来增援的秦军将领章邯，命令兵士们衔枚而进，夜袭定陶，大败楚军，项梁战死。

正在攻打陈留的刘邦和项羽听说项梁死了，遂率军和吕将军一同向东撤退。吕臣的军队驻扎在彭城东面，项羽驻扎在西面，刘邦驻扎在砀县。

章邯在打败项梁之后，误认为楚军不堪一击，于是渡过黄河，向北进攻赵国，大败赵军。正当这个时候，赵歇当上了赵王，秦将王离在钜鹿城包围了赵军。

秦二世三年（前207年），楚怀王见到项梁被打败，很害怕，将都城从盱台迁到彭城，把吕臣、项羽的军队合在一起由他亲自率领。封刘邦为武安侯，统率砀郡的部队。封项羽为长安侯，号称鲁公。吕臣担任司徒，他的父亲吕青担任令尹。

赵国多次请求援救，怀王任命宋义为上将军，项羽为次将，范增为末将，向北进兵救赵。命令沛公向西攻取土地，进军关中。和诸将订立盟约，谁先进入函谷关平定关中，谁就可以做关中王。

此时的秦军仍很强大，常常打得诸侯军四处逃窜，疲于奔命，诸将对先入关并不感兴趣，只有项羽和秦军有杀叔父之仇，表现得很奋勇，愿意和刘邦一起西进入关。怀王手下的老将嫉恨项羽，对他议论纷纷。

他们说："项羽这个人剽悍猾贼，攻下襄城时曾经将城里的军民全部活埋了。所过之处，没有不被毁灭的。秦地父老经受着君主的暴虐统治，对他们应当采取怀柔策略。刘邦忠厚老实，可以派他去。"怀王最终没有答应项羽的请求，派刘邦率军向西进军。

刘邦一路收集陈胜、项梁的散兵，取道砀县到达成阳，与杠里的秦军对垒相持，击败了成阳、杠里的两支秦军。就在这个时候，项羽等率领楚军出兵攻击王离，把王离打得大败，为刘邦西进清除了障碍。

刘邦率兵西进，在昌邑与彭越相遇。于是和他一起攻打秦军。战事不利，刘邦撤兵到栗县，正好遇到刚武侯，就把他的军队夺了过来，大约有四千人并入了自己的军队。他又与魏将皇欣、魏申徒武蒲的军队合力攻打昌邑，没有攻下。西进之途并不十分顺利。

途经高阳时，一个守门的小吏郦食其求见。刘邦当时正坐在床上，让两个女子为他洗脚。郦食其见了并不叩拜，只是略微做了个长揖，说："如果您想诛灭暴秦，就不应该坐着接见长者。"刘邦于是起身穿好衣服，向他道歉，把他请到上坐。

郦食其劝说刘邦袭击陈留，获得秦军积存的粮食，补充了给养。刘邦很高兴，封郦食其为广野君，并任命他的弟弟郦商为将军，统率陈留的军队，随同自己一起去攻打开封。最终，开封没有攻下来。

刘邦继续向西，与秦将杨熊在白马先打了一仗，在曲遇东面再战，大破秦军。杨熊逃到荥阳去了，秦二世派使者将他斩首示众。接着，刘邦向南攻取颍阳，又借助张良的关系，占领了韩地的辕辕险道。

正巧，赵国别将司马卬准备经由黄河进函谷关，刘邦遂向北进攻平阴，截断了黄河渡口。又向南进军，与秦军在洛阳东面交战。战事不利，刘邦退回到阳城，聚集战马车骑，在南阳东打败了秦军，攻取南阳郡，郡守吕齮逃跑，退守宛城。

刘邦求胜心切，绕过宛城西进。张良进谏说："您虽然心急入关，但秦兵尚众，又凭险拒守。如果不先攻下宛城，恐将会遭到秦军的前后夹击，沛公你走的一着非常危险的棋。"刘邦于是虚晃一枪，连夜率兵从另一条道返回，更换旗帜，在黎明时分将宛城团团围住。

南阳郡误以为同时遭遇了几支军队，想要自杀。门客陈恢说："现在自杀还太早！"他认为宛城是个大郡，相连的城池有几十座，想要攻下来并不容易。刘邦如果停下来攻城，士兵伤亡必定会很多，纵使攻下来也会错过先进咸阳的先机；率军离去，又担心宛城军队尾随袭击，成为后患。于是越过城墙来见刘邦，想说服他约降南阳太守。

刘邦答应了陈恢的请求，封宛城郡守为殷侯，封给陈恢一千户。招降纳叛收到了出其不意的效果，刘邦军队所到之处，无不降服。到了丹水，高武侯戚鳃、襄阳侯王陵也在西陵归降了。刘邦又回转来攻打胡阳，遇到了番君的别将梅鋗，就跟他一起，降服了析县和郦县。

赵高杀了秦二世，派人来求和，想要分王关中。刘邦采用了张良的计策，一面派遣郦食其、陆贾去游说秦将，并用财利进行引诱，一面乘机偷袭武关。经过蓝田南面与北面的两次战斗，乘胜追击，彻底打败了秦军。

汉元年(前 206 年)十月,刘邦抢先到达霸上,秦王子婴驾着白车白马,用绳子套住脖颈,带着皇帝的玺印符节,在枳道旁向刘邦投降。刘邦否决了将领诛杀秦王的提议,将他交给主管官吏看守,向西进入咸阳。

刘邦想住进秦宫,由于樊哙、张良劝阻,这才封了秦国的重宝财物府库,退军霸上,并与关中父老约法三章:杀人者死,伤人及盗抵罪。其余的秦朝法律全部废除。随即又派人和秦朝的官吏一起到各县乡去巡视,向民众讲明情况。

秦地的老百姓非常高兴,争着送来牛羊酒食犒劳军士。沛公推让不肯接受,说:"军中仓库的存粮很多,并不缺少吃的,不必劳烦大家破费。"人们听了更加高兴,唯恐刘邦不留在关中做秦王。

有人献计说:"秦地的富足是其他地区的十倍,地理形势又好。听说章邯投降了项羽,项羽给他的封号是雍王,让他在关中称王。要是他来了,沛公您恐怕就不能拥有这个地方了。应该赶快派军队把守住函谷关,不要让诸侯军进来。同时在关中征集一些士卒,来加强实力,抗拒抗他们。"

十二月中旬，项军到达戏水。刘邦的左司马曹无伤派人告诉项羽，刘邦想称王关中，让秦王子婴做丞相，把秦宫所有的珍宝都据为己有。项羽听从范增的意见，准备次日晨起与刘邦决一死战。

项伯想要救张良一命，连夜跑到霸上刘邦军营会见张良，带回来了刘邦辩解的书信，促使项羽改变了主意。第二天，刘邦带了百余名随从骑兵来到鸿门，当面向项羽道歉，化解了一场危机。

刘邦认为这个计谋很好，于是派出军队把守函谷关。十一月中旬，项羽率领诸侯军西进，想要进入函谷关，可是关门却关闭了。项羽大怒，派黥布等人攻克了函谷关。

项羽向西进军，焚烧了秦王朝宫室，派人回去向怀王请示。怀王说："按照原先的约定办。"项羽怨恨怀王当初不肯让他和刘邦一起西进入关，结果导致自己没能先与刘邦到达关中，假意推尊怀王为

义帝。

　　正月,项羽自立为西楚霸王,管辖梁、楚九郡,建都彭城。他背叛了前约,分封了十八路诸侯,立刘邦为汉王,管辖巴蜀、汉中之地,并把关中一分为三,封给秦朝降将章邯、司马欣与董翳。

　　诸侯军队在戏下解散,各自回归封地。项羽派了三万士兵跟着刘邦。刘邦由杜县南进入蚀,军队过去以后,将架在陡壁上的栈道全部烧掉,以防备诸侯军队的袭击,也借此向项羽表示没有东进之意。

　　刘邦到达南郑时,很多部将和士兵已经逃亡,剩下的士兵们也都盼着回归故乡。韩信劝刘邦趁士兵们思乡心切,天下又不是很安定的时机,率兵东进,争夺天下。

　　田荣叛楚,杀掉齐王田都,自立为齐王,并授给彭越将军印信,让他在梁地造反。项羽派萧公角去攻打彭越,被彭越打得大败。陈馀怨恨自己没有封王,趁机借兵齐国,打败常山王张耳,从代地接回赵王歇,重立为赵王。项羽大怒,发兵向北攻打齐国。

　　刘邦依韩信计,顺原路返回关中,袭击了雍王章邯。章邯在陈仓迎敌,战败逃走;在好畤县停下来再战,又被打败,逃到了废丘。刘邦平定雍地后,又向东挺进咸阳,接连平定了陇西、北地、上郡。

刘邦派将军薛欧、王吸带兵出武关,借助王陵在南阳军队,到沛县去接太公和昌后。楚王听说后,派兵在阳夏阻截,汉军不能前进。楚又封原吴县县令郑昌为韩王,以抵抗汉军。

汉二年(前205年),刘邦向东进军,塞王司马欣、翟王董翳、河南王申阳都投降了他。只有韩王昌不肯归降,刘邦派韩信打败了他。之后,刘邦设置了陇西、北地、上郡、渭南、河上、中地等郡。又在关外设置了河南郡。改立韩国太尉信为韩王。诸将领率万人或以一郡之地降汉的,也都被封为万户侯。

一切就绪,刘邦出武关到达陕县,抚慰关外的父老,回来后,张耳前来求见,刘邦对他十分厚待。到了二月份,又下令废除秦的社稷,改立汉的社稷。

三月,刘邦从临晋渡过黄河,攻占河内,俘获殷王,设置河内郡。汉军向南渡过平阴津,到达洛阳。新城三老董公拦阻刘邦车驾,向他诉说了义帝被杀的情况。刘邦听了,袒露左臂失声大哭。随即下令为义帝发丧,哭吊三天,并通告各路诸侯,共伐楚国。

当时,项羽正在城阳同田荣作战。田荣被杀后,齐国各地也都归降了楚国。但由于楚军放火焚毁了齐国的城邑,虏掠齐人的子女,齐国又反叛楚国。项羽想在打败齐军之后再去迎击汉军,刘邦借机驱使五路诸侯攻入彭城。

项羽闻讯,立即率兵从鲁地出发,取道胡陵到达萧县,与汉军在彭城灵壁东面的睢水展开激战,大败汉军,杀死的汉兵将睢水阻塞得都不能畅流。

项羽又派人从沛县抓来了刘邦的父母妻子,把他们扣留在军中做为人质。诸侯军队看到楚军如此强大,连汉军都被他们打败了,遂又脱离刘邦,掉过头来归顺项羽。先前已经投降刘邦的塞王司马欣,也顺利逃亡到了楚国。

彭城战败后,刘邦一路向西奔走,最后逃亡到吕后的哥哥周吕侯所在的下邑。他在砀地稍稍收聚士卒,然后率军向西,经过梁地,到达虞县,派遣使者随何前去游说九江王黥布。黥布果然反楚,项羽派大将龙且前去征讨他。

在逃亡的途中,刘邦曾经派人去寻找失散的家室,但他们不是逃亡到了其他地方,就是被项羽抓走。刘邦只找到了孝惠。六月,立孝惠为太子,大赦天下。同时令太子守卫栎阳,诸侯王儿子在关中的,也都集中到栎阳来充当守卫。

汉军水淹废丘,废丘降汉,章邯自杀。刘邦把废丘改名为槐里,命令祀官祭祀天地、四方、上帝、山川,按照时令进行祭祀。又发动关内的士兵去防守边塞。

黥布被龙且战败,与随何一起抄小路来归附刘邦。刘邦又收集了一些士兵,关中的援军也到了,因此荥阳的汉军声威大振,在京、索一带击败了楚军。

汉三年(前204年),魏王豹请

假回乡去探视父母的疾病,一回到魏地,就毁绝了黄河河津渡口,反汉归楚。刘邦派郦食其去劝说魏豹,豹不听。将军韩信大败魏军,俘虏了魏豹,平定魏地,设置河东、太原、上党三郡。刘邦随即命令张耳与韩信率兵攻取井陉,杀了陈馀和赵王歇。第二年,封张耳为赵王,为他驻守赵地。

汉军在荥阳南面修筑了一条与黄河相连的甬道,用来从敖仓向驻地运粮。在荥阳长达一年之多的相互对峙中,项羽多次侵夺汉军甬道,汉军粮食不足,被楚军包围。

刘邦请求讲和,条件是把荥阳以西的地方划归汉王。项羽没有接受他的请求。缺粮,又被围困,刘邦为此感到很担心。陈平献计,刘邦就采用陈平的计策,给了他四万斤黄金,去离间楚国君臣之间的关系。

项羽对亚父范增产生了怀疑。范增当时力劝项羽攻下荥阳,当他遭到项羽猜疑后,非常愤怒,托辞年老,希望项羽准许他告老还乡为民。项羽批准了范增的请求,范增连气带病,死在回彭城的路上。

汉军粮草断绝,将军纪信乘坐着刘邦的车驾,假扮成汉王,趁夜晚率领二千多名身披铠甲的女子由东门出城。楚军从四面围击,俘获纪信。楚军士兵误以为俘虏了汉王刘邦,激动得高呼万岁,都到城东去观看,刘邦得以由西门逃脱。

刘邦由荥阳逃回关中,收聚军队,准备再次东进。一个姓袁的年轻人劝导刘邦说:"与其在荥阳受困,不如出武关,吸引项羽南下。我军只管深壁高垒,拖住楚军。再派韩信等人去安抚河北赵地,联合燕国、齐国,那时再进军荥阳也不晚。这样,楚军就会多方防备,分散力量,而汉军得到了休整,再交战就一定能够打垮楚军。"

刘邦依计出兵宛、叶一带,项羽果然率军南下。刘邦坚守不战。这时,彭越渡过睢水,在下邳大败项声、薛公。项羽只好率军回去攻打彭越。等他打退了彭越,听说刘邦已经进驻成皋,就又率军向西攻下荥阳,包围了成皋。

刘邦只身一人和车夫滕公跳出包围圈,他们共乘一车,由成皋北面的玉门一直逃过黄河,驱马跑到夜晚,留宿在修武。他自称是使者,在第二天清晨,冲入张耳、韩信军营,夺了他们的军权。

刘邦得到了韩信的军队,重新振作起来,率军向南到达黄河边上的小修武城,在那里犒劳军队,准备跟项羽再次作战。郎中郑忠劝阻刘邦,让他按照袁生说的,继续高垒深壁,不要跟楚军作战。

刘邦听从郑忠建议,派卢绾、刘贾率兵二万人,骑兵数百名,渡过白马津,进入楚地,跟彭越的军队一起在燕县西城郭外再次打败了楚军,收复了梁地的十多座城池。

韩信受命东进攻齐,还没有渡过平原津,汉王又暗中派郦食其前去游说齐王田广。田广叛楚,与汉讲和。韩信趁机袭击齐军,举河北全部之兵,攻占了齐国和赵国,大败来攻的楚军龙且、周兰,他的骑将灌婴斩杀了龙且。这时候,彭越带兵进驻梁地,往来袭击骚扰楚军,断绝了楚军的粮道。

汉四年(前203年),项羽命大司马曹咎坚守成皋,自己率兵去攻打陈留、外黄、睢阳,平定梁地。曹咎忍受不了汉军羞辱,私自出战,战败自杀。项羽得到消息赶回来。项羽一来,汉兵就全部撤退到险阻地带去了。

韩信攻下齐国后,派人对刘邦说:"齐国和楚国临界,我的权力太轻,若不立为'假齐王',恐不能安定齐地。"刘邦想去攻打韩信,留侯张良说:

"不如顺势立他为齐王，让他守住齐地。"张良带着印绶到齐国封韩信为齐王。

楚汉两军相持不下，将士厌战，刘邦和项羽隔着广武涧对话。项羽要跟刘邦单独一决雌雄，刘邦则历数项羽的十条罪状。项羽十分恼怒，埋伏弓弩射中了刘邦。刘邦胸部受伤，却用手捂着脚说："这个强盗射中了我的脚趾！"刘邦为稳定军心，巡视军营，病情加重，急驰回成皋。

刘邦列举的十条罪状是：违背先入关中者为王的约定，罪一。托假诏书杀害卿子冠军宋义，罪二。未还报怀王，擅自劫持诸侯军队入关，罪三。烧秦宫室，罪四。强杀秦王子婴，罪五。坑杀新安降卒，罪六。分封不公，罪七。逐义帝，夺韩王地，并梁、楚，罪八。阴弑义帝，罪九。弑其主，杀已降，为政不平，主约不信，罪十。

刘邦病愈，经栎阳回到军中，驻扎在广武。这时候，从关中来的援军日渐增多。又由于彭越断绝了楚军粮道，田横投靠了彭越，项羽多次前去攻击，齐王韩信却又乘机进兵攻打楚军。项羽腹背受敌，无奈之下只得跟刘邦订立和约，以鸿沟为界平分天下。

项羽放回刘邦父母妻子，向东退兵，刘邦却采用张良、陈平计策，进兵追击项羽。韩信、彭越未能如约前来，刘邦被项羽打得大败。又用张良计,封给韩信、彭越土地,黥布为淮南王。刘贾、齐、梁诸侯的军队在垓下会师。

汉五年(前 202 年),刘邦率领诸侯军向楚军发起进攻,垓下决战开始。韩信率三十万大军与楚军正面对阵,他的部将孔将军在左边,费将军在右边,刘邦领兵随后,绛侯周勃、柴将军跟在刘邦的后面。项军只有十万。韩信首先跟楚军交锋,战斗不利,向后退却。孔、费由左右两边纵兵攻击,楚军不利,韩信乘势再攻,大败楚军于垓下。

项羽听到汉军唱起楚地歌谣,误认为汉军已经完全占领了楚地,于是败退而逃,楚军因此崩溃。骑将灌婴一直追到东成,逼杀项羽,诛杀八万楚兵,初步平定楚地。

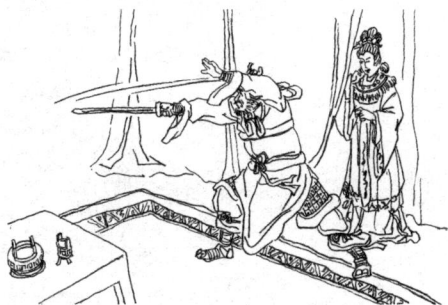

只有项羽最初的封地鲁县还在坚守。刘邦率领诸侯军北上，把项羽的首级拿给鲁县的父老们看，鲁人这才投降。汉王按照鲁公的封号，把项羽葬在穀城。随即回师定陶，驱马驰入韩信军营，夺了他的兵权。

诸将请求尊刘邦为皇帝,刘邦推让再三,最后在汜水北面登临皇帝之位。改封韩信为楚王,建都下邳。封建成侯彭越为梁王,建都定陶。原韩王信仍旧为韩王,建都阳翟。改封衡山王吴芮为长沙王,建都临湘。淮南王黥布、燕王臧荼、赵王张敖封号都不改变。

天下大定,诸侯皆臣属,刘邦在洛阳南宫摆设酒宴,问大臣自己为什么能夺取天下,而项羽却失去了天下。高起、王陵认为是因为刘邦能跟天下人同享利益,而项羽却妒贤嫉能,夺得了土地却不予人。刘邦则认为是因为他拥有张良、萧何、韩信这三个人中俊杰。

刘邦说:"夫运筹策帷帐之中,决胜于千里之外,我不如子房。镇国家,抚百姓,给馈饷,不绝粮道。我不如萧何。连百万之军,战必胜,攻必取,我不如韩信。此三者,皆人杰也,我能用之,此我所以取天下也。项羽有一范增而不能用,此其所以为我擒也。"

刘邦打算长期定都洛阳,齐人刘敬劝说他入都关中,还有留侯张良也劝说高祖进入关中去定都,高祖当天就起驾入关,到关中去建都。六月,大赦天下。

刘邦每五日朝拜一次太公。太公的家令劝太公说:"天上不会有两个太阳,地上也不应有两个君主。太公怎么能够叫万民之主拜见他的臣子呢?"刘邦再去朝见太公,太公就抱着扫帚,面对门口倒退着走。刘邦只好尊奉太公为太上皇。

人告韩信谋反，刘邦问计于群臣。大臣们都争相去征讨。刘邦采用陈平的计策，假装巡游云梦泽，在陈县召见诸侯，韩信前来迎接，刘邦趁机拘捕了他。

田肯来贺，趁便劝说高祖道："齐地东有琅邪、即墨的富饶，南有泰山的险固，西有黄河的天险，北有渤海的地利，纵横两千里，易守难攻，情势与秦地相当，如果不是陛下的嫡亲子弟，就不能派他去做齐王。"十多天以后，刘邦封皇子刘肥为齐王，统辖七十多座城。

汉七年（前200年），匈奴攻打韩王信所辖的马邑，信与匈奴勾结在太原谋反。白土城人曼丘臣、王黄拥立前赵将赵利为王，也反叛朝廷。刘邦亲自率兵前往讨伐，被匈奴军队包围在平城，七天之后才撤围离去。

刘邦离开平城，取道赵国、洛阳，抵达长安。长乐宫落成了，官员们都由洛阳迁到长安来治理政事。很快就到了汉八年（前199年），刘邦又率军东进，在东垣一带追击韩王信的余党。

丞相萧相何主持营建未央宫，刘邦看到未央宫建设得非常壮观，很是生气。萧何辩解说："正因为天下还没有安定，才可以利用这个时机建成宫殿。天子以四海为家，不壮丽就无法树立天子的威严。"刘邦这才转怒为喜。

未央宫落成，刘邦在前殿摆设酒宴，大会诸侯、群臣。席间，他捧起酒杯，起身向太上皇献酒祝寿，自嘲说："当初你一直认为我比不上刘仲勤苦努力，现在我们谁的家业更大呢？"群臣听了高呼万岁，大笑取乐。

陈豨在代地造反，刘邦亲率大军前去讨伐，他命人拿了许多黄金去引诱陈的部将，很多人都投降了。陈豨的部将侯敞带领一万多人在各地往来游动作战，王黄驻扎在曲逆，张春渡过黄河攻打聊城。太尉周勃由太原攻入，平定了代地。

这年春天，淮阴侯韩信在关中谋反，被夷灭三族。夏天，梁王彭越谋反，被流放到蜀地，后也被夷灭三族。秋季七月，淮南王黥布造反，楚王刘交被迫逃到薛国。刘邦率军在会甀击败了黥布。黥布最后在鄱阳被杀。

刘邦平定黥布叛乱，回京途中路经沛县，在沛宫置备酒席，与昔日的老朋友和父老子弟一起纵情畅饮。酒喝到痛快处，刘邦击筑悲歌，曰："大风起兮云飞扬，威加海内兮归故乡，安得猛士兮守四方！"让挑选的一百二十名沛中儿童习唱。在一百多名少儿的唱和中起舞，刘邦慷慨伤怀，洒下行行热泪。

刘邦免除了沛县百姓的赋税徭役，在离开沛县这天，城里全空了，百姓都赶到城西来敬献牛、酒等礼物。刘邦又停下来，搭起帐篷，痛饮三天。

刘邦回到长安，垂暮之年，抚今追昔，感慨秦始皇、楚隐王陈涉等都没有留下后代，划给秦始皇守墓人二十户，其他人十户，魏公子无忌五户。代地被陈豨、赵利劫持利用的官吏、百姓，也都全部赦免。陈豨的降将告说燕王卢绾曾参与陈豨谋反。刘邦派樊哙、周勃带兵讨伐燕王卢绾。

刘邦在讨伐黥布时被流箭射中，在回来的路上就病倒了，而且病得很厉害。吕后问他身后事。刘邦说："曹参可接替萧何做相国。"又问曹参以后的事，刘邦说："王陵行，但他迂愚刚直，可以让陈平协助他，陈平才智有余，可难以独当一面。周勃虽缺少文才，但是安定刘氏天下的一定是周勃，可以让他担任太尉。"吕后再问以后的事，刘邦说："这以后的事就不是你所能知道的了。"

前195年四月甲辰日,刘邦在长安长乐宫逝世。丙寅日,安葬在长陵。下棺安葬完毕,太子来到太上皇庙。群臣说:"高祖起事于平民,平治乱世,劳苦功高。"献上尊号称为高皇帝。太子刘盈继承皇帝位,史称孝惠帝。

刘邦一生生有八个儿子:长子齐悼惠王刘肥、次子孝惠皇帝刘盈、三子赵隐王刘如意、四子代王刘恒(即后来的孝文皇帝)、五子梁王刘恢、六子淮阳王刘友、七子是淮南厉王刘长、八子燕王刘建。

太史公说:"夏政宽厚,弊端是使百姓失之于粗野,所以殷朝代之以威重严谨。严谨的弊端是迫使百姓转而相信鬼神,所以周政又开始奉行礼仪。礼仪的弊端是使百姓陷于繁文缛节,显得轻薄而不够诚恳,救治的方法是宽厚。三国之治循环往复,终而复始。到了周秦交替之际,追求虚文,不讲诚信的弊病已经登峰造极。秦政对这一点不加更改,反而施行更加严酷的刑法,这难道不是错上加错吗?所以汉朝兴起,对前朝的政治弊端有所改变,使百姓不再怠倦,这正应了天道循环的道理。"

吕太后本纪第九
人物像

吕后

汉惠帝

赵王

代王刘恒

夏侯婴

吕太后本纪第九

吕太后是汉高祖刘邦发迹前的妻子，生有孝惠帝和鲁元太后。刘邦做汉王时，又娶了定陶一个戚姓女子，非常宠爱她。她为刘邦生下了赵隐王刘如意。

太子刘盈为人仁厚柔弱，刘邦认为他太过懦弱，不大像自己，不适合担任太子，常想废黜他，册立戚姬的儿子刘如意为太子，因为刘如意的性格像他。

戚姬擅长鼓琴、歌舞，常跟随刘邦到关外去巡游视察。每次跟随刘邦出来，她总是日夜啼哭，撺掇刘邦用她亲生儿子刘如意来取代刘盈做太子。

吕太后年纪大了，经常留守长安，很少能见到刘邦，两个人之间的关系就更加疏远了。刘如意好几次险些取代太子，但由于大臣们的极力诤谏，以及留侯张良的计策，太子之位才没有被废黜。

吕太后性情刚毅，很有谋略，她辅佐刘邦平定天下。刘邦登基后所诛杀的韩信、黥布、彭越等一帮叛乱大臣，也多有吕太后之力。

吕太后有两个哥哥，都做了将军。大哥周吕侯吕泽死于征战，他

的儿子吕台被封为郦侯，吕产被封为交侯；二哥吕释之被封为建成侯。

高祖十二年（前195年）四月甲辰日，高祖逝世于长乐宫，太子刘盈承袭帝号做了皇帝。当时刘邦有八个儿子，长子刘肥是惠帝的异母兄，被封为齐王，其余六个都是惠帝的弟弟。

这六个人分别是：戚夫人生的儿子赵王刘如意，薄夫人生的儿子代王刘恒，还有其他妃嫔生的儿子梁王刘恢、淮阳王刘友、淮南王刘长、燕王刘建。

除过高祖的儿子，还有四个人被封为王：高祖的弟弟刘交被封为楚王，高祖兄长的儿子刘濞被封为吴王。非刘氏的功臣鄱君吴芮的儿子吴臣被封为长沙王。

刘邦死后，朝政实际由吕太后控制。吕太后最怨恨戚夫人和她的儿子赵王刘如意，就下令把戚夫人囚禁在永巷，同时派人召赵王进京。

使者往返多次，也没能召来赵王，赵王的丞相建平侯周昌对使者说："高帝把赵王托付给我，赵王年纪还小。我听说太后怨恨戚夫人，想把赵王召去一起杀掉，我不能让赵王前去。况且赵王又有病，不能接受诏命。"

吕太后听了使者的回报，非常恼怒，派人去召周昌。周昌被召到长安，吕后又派人去召赵王。赵王便上路，但还没有到达京城。惠帝仁慈，知道太后恨赵王，就亲自到霸上将赵王接回宫中，与他同吃同睡。

吕太后想要杀赵王，始终得不到机会。

孝惠元年（前 194 年）十二月的一天清晨，惠帝外出射箭。赵王年幼，不能早起和惠帝一起去。吕太后得知赵王独自一人，就派人拿了毒酒让他喝下。

天刚亮，惠帝返回到宫中，赵王如意却已经死了。于是，吕太后就迁刘邦的六子淮阳王刘友接替刘如意做了赵王。这年夏天，又下诏追封郦侯吕台的父亲吕泽为令武侯。

吕太后毒死赵王刘如意后，随后又派人砍断戚夫人的手脚，挖去她的双眼，熏聋她的耳朵，灌她喝下哑药，扔到厕所里，把她叫"人彘"（即"人猪"）。

过了几天，吕太后叫惠帝去看"人猪"。惠帝看了，一问，才知道是戚夫人，大惊失色，埋头痛哭，从此就病倒了，一年多不能起来。

惠帝派人请见太后说："这不是人干的事情，我作为太后的儿子，再也不能治理天下了。"惠帝从此每天饮酒作乐，不问朝政，他的病一直得不到好转。

第二年(前193年),楚元王刘交、齐悼惠王刘肥都前来京朝觐。十月的一天,惠帝与齐王在吕太后面前宴饮,惠帝因为齐王是自己的兄长,就按家人的礼节,请他坐上座。

吕太后见状大怒,命人倒了两杯毒酒放在齐王面前,让齐王起身向他献酒祝寿。齐王站了起来,惠帝跟着也站了起来,取过一杯毒酒要一起向太后祝酒。

太后这才害怕了,急忙站起身打翻了惠帝手中的酒。齐王觉得蹊跷,因而没敢喝这杯酒,托词酒醉离开了座席。事后才知道那是杯毒酒。齐王心里很害怕,自认为不能从长安脱身了,非常焦虑。

齐国的内史士开导齐王说:"太后只有惠帝和鲁元公主两个孩子。如今大王拥有七十多座城邑的封地,而公主只享有几座城的食邑。大王如果能把一个郡的封地献出来,作为公主收取赋税的私邑,太后必定会高兴,您也就不必再担心了。"

齐王觉得士说得有道理,于是便向太后献上城阳郡。为了讨好吕太后,齐王还违背礼制,尊称异母妹鲁元公主为王太后。吕太后很高兴,就答应了他的请求。

汉九年,鲁元的丈夫赵王敖已经被刘邦废为宣平侯了,刘肥尊称妹妹为王太后,等于是为她的儿子鲁侯张偃日后擢升为鲁王扫平了障碍。吕太后怎能不高兴?

吕太后一高兴,也就不再追究齐王的过错了。于是,就在齐王在京的官邸里摆设酒宴，欢饮一番。酒宴结束，就让齐王返回封地了。

三年（前192）年，汉朝廷动手修筑长安城。四年（前191年），长安城工程完成了一半。五年（前190年）、六年（前189年），长安城落成，诸侯纷纷来集，十月朝觐庆贺。

七年（前188年）秋季八月戊寅日，惠帝逝世。汉惠帝刘盈生于前211年，是西汉第二位皇帝，在位七年，死时年仅二十四岁。谥号"孝惠"，葬于安陵。

吕太后只有惠帝和鲁元公主两个孩子，现在儿子英年早逝，只留下了她和鲁元。老来丧子应该是非常悲痛的事，可是发丧时，吕太后只是大声啼哭，却始终不见眼泪流下来。

留侯张良的儿子张辟疆时任侍中，年仅十五岁，他对丞相陈平说："太后只有惠帝这一个儿子，如今去世了，她虽哭但不悲恸，您知道这其中的缘故吗？"

陈平问："是什么原因？"张辟疆说："这是因为皇帝没有成年的儿子，太后顾忌你们这帮老臣。如果您现在请求拜太后的几个侄子为将军，统领两宫卫队，并请吕家的人都进入宫中，在朝廷里掌握重权，如此太后才会心安，你们这些人也就能侥幸免于灾祸了。"

陈平依照张辟疆的计谋，迎合吕太后，请求拜吕太后的三个侄儿吕公、吕产、吕禄为将军。吕太后很高兴，这才哭得哀痛起来。

吕氏家族掌握朝廷大权就是从这时候开始的。于是大赦天下。九月辛丑日，安葬了惠帝。太子刘恭即位做了皇帝，到高祖庙举行典礼，向高祖禀告。

刘恭是汉朝第三位皇帝，史称前少帝。当时刘恭还很小，吕太后临朝称制（代行皇帝职权）。少帝元年（前187年），朝廷号令完全出自于吕太后。

不久，吕太后召集大臣商议，打算立诸吕为王，她首先征询主相右丞相王陵的意见。王陵说："高帝曾斩杀白马，和大臣们立下誓约，'不是刘氏子弟而称王的，天下人可以一起讨伐他。'现在封吕氏为王，是违背誓约的。"

太后听了很不高兴，又问左丞相陈平和绛侯周勃。周勃等人回答说："高帝平定天下，封自己子弟为王；如今吕太后代行天子之职，封吕氏诸兄弟为王，没有什么不可以的。"太后大喜，于是退朝。

王陵责备陈平、周勃说："当初跟高帝歃血盟誓时，难道你们几位不在场吗？如今高帝去世，太后执政，想封吕氏子弟为王，你们竟然违背盟约，迎合、纵容她，将来还有何面目到地下去见高帝？"

陈平、周勃说："像今天这样在朝廷上据理净谏，我们比不上您；而要保全大汉天下，安定刘氏后代，您又比不上我们。"王陵无话可答。

十一月，太后想要罢免王陵，就拜他为太傅，辅导少帝学习，实际上等于剥夺了他右丞相的实权。王陵于是就称病辞职回乡了。

吕太后于是任命左丞相陈平为主相（右丞相），辟阳侯审食其为左丞相。但左丞相并不处理政务，而只是监督宫中事务，就像是掌守卫宫殿门户的郎中令一样。

审食其曾经以舍人身份照顾过太后，因为有这些原因，很得太后宠信，常常决断大事，朝廷大臣处理政务都要通过他来决定。

赶走了敢于直言犯谏的王陵，又任命知己掌权，吕太后再也没有什么顾忌的，就追尊郦侯吕台的父亲吕泽为悼武王，想由此开头来封诸吕为王。

然而，诸吕的地位较为低下，即便是吕太后想封他

们为王，也需按部就班，先将他们封为诸侯，然后再由诸侯封为王，一步一步地来。

四月，太后想封诸吕为侯，就先封高祖的功臣郎中令冯无择为博城侯。恰巧，鲁元公主去世，吕太后赐谥号鲁元太后，封她的儿子张偃为鲁王。鲁王的父亲就是宣平侯张敖。

吕太后又封齐悼惠王刘肥的儿子刘章为朱虚侯，把吕禄的女儿嫁给他做妻子。封齐丞相齐寿为平定侯，少府阳成延为梧侯。有了这些作为铺垫，紧接着就封吕种为沛侯，吕平为扶柳侯，张买为南宫侯。

封完侯，太后还不满足，又想封诸吕为王。于是就先封惠帝后宫妃嫔的儿子刘强为淮阳王，刘不疑为常山王，刘山为襄阳侯，刘朝为轵侯，刘武为壶关侯。

太后又向大臣们暗示和透露消息，大臣们就请求封郦侯吕台为吕王，太后同意了。建成康侯吕释之去世，继承侯位的儿子因为犯罪而被废除，就封他的弟弟吕禄为胡陵侯，袭承建成侯的封号。

二年（前186年），常山王刘不疑去世，吕太后封他的弟弟襄阳侯刘

山为常山王,改名刘义。十一月,吕王台去世,谥为肃王,他的儿子吕嘉继立为王。

时隔一年之后(前184年),吕太后又封她的妹妹吕媭(xū)为临光侯,封侄子吕他为俞侯,吕更始为赘其侯,吕忿为吕城侯,又封了五位诸侯王的丞相为侯。

宣平侯张敖的女儿做孝惠皇后时,没有儿子,吕太后就让皇后假装怀孕,抢后宫美人的孩子,冒充皇后亲生,立为太子,并杀美人灭口。这个孩子就是少帝。

少帝稍稍懂事,偶然听说自己的生母已经被杀害,自己并非皇后亲生,就口出怨言,说:"皇太后怎么能杀死我的亲生母亲,却让我冒充皇后的儿子呢?我现在还小,等长大成人了我一定要造反,为母亲报仇。"

吕太后听说这话后很担心,害怕少帝长大作乱,就把他囚禁在幽禁妃嫔、宫女的永巷,对外宣称皇帝病重,不能召见大臣,左右侍臣谁也不能和他相见。

吕太后和大臣们商讨朝政,说:"凡是拥有天下掌握万民命运的人,应该像上天覆盖大地、大地容载万物一样抚育百姓,君上有欢悦爱护之心安抚百姓,百姓就会欢欣喜悦地对待君上,这样上下欢

悦欣喜，感情相通，天下才能得到大治。"

不及大臣们反应过来，吕太后又话锋一转，接着说："如今皇帝病了很久而丝毫不见好转，以致神志昏乱失常，不能继承帝位供奉宗庙祭祀了，不能把天下大任再托付给他，应该换人来代替他。"

群臣都叩首说："皇太后为天下百姓着想，对安定宗庙社稷的思虑极为深远，我们恭敬地叩头听命。"于是吕太后废了少帝，秘密处死了他。

五月丙辰日，吕太后立常山王刘义为皇帝，改名叫刘弘。不称元年的原因，是因为吕太后临朝称制治理天下。又封轵侯刘朝为常山王。

吕太后又设置太尉一职，绛侯周勃深得太后信任，被任命为太尉。太尉是中国秦汉时期中央掌管军事的最高官员。汉高祖二年（前205年），卢绾为太尉，卢绾之后被废除。

五年（前183年）八月，淮阳王刘强去世，吕太后封他的弟弟壶关侯刘武为淮阳王。六年（前182年）十月，吕太后说吕王嘉行为骄傲放纵，废掉了他，封肃王吕台的弟弟吕产为吕王。夏天，大赦天下。封齐悼惠王的儿子刘兴居为东牟侯。

赵王刘友的王后是吕太后为他选的一个吕氏女子，刘友并不喜爱，而宠爱其他姬妾，这个吕氏女子很嫉妒，恼怒之下离开刘友回家，跑到吕太后面前搬弄是非，挑拨刘友与太后之间的关系。

吕氏女子诬告刘友犯有罪过，曾经说过："吕氏怎么能够封王！太后百岁之后，我一定要讨伐他们。"太后大怒，因此召见赵王。七年（前181年）正月，赵王刘友奉诏进京。

赵王到京后，却被安置在王邸里不予接见，并派护卫队围守，不予饮食。赵王的臣下有偷偷送饭的，就被抓起来问罪。赵王饿极了，就作了一首歌唱。

歌曰：诸吕朝中掌大权啊，刘氏江山实已危；以势胁迫诸王侯啊，强行嫁女为我妃。我妃嫉妒其无比啊，竟然谗言诬陷我有罪；谗女害人又乱国啊，不料皇上也蒙昧。并非是我不忠啊，如今失国为哪般？

歌曰：途中自尽弃荒野啊，曲直是非天能辨。可惜悔之时已晚啊，宁愿及早入黄泉。为王却将饥饿死啊，无声无息有谁怜！吕氏伤天害理啊，祈望苍天报仇冤。"

前181年丁丑日，赵王刘友在囚禁和饥饿中死去，吕太后按照平民的葬礼，把他埋在长安平民百姓坟墓的旁边。在吕太后死后，他被追谥为赵幽王。

己丑日，汉都长安出现日食，白昼变得跟夜晚一样昏暗不明。吕太后非常嫌恶，心中闷闷不乐，对左右的人说："这是因为我啊。"

二月，迁徙梁王刘恢为赵王。吕王产迁徙为梁王，但梁王没有去封国，留在朝廷担任皇帝的太傅。册封皇子平昌侯太为吕王。又把

219

梁国改名为吕国,原来的吕国改名为济川国。

吕太后的妹妹吕嬃有一个女儿嫁给了营陵侯刘泽为妻子,刘泽当时担任大将军。吕太后封诸吕为王,怕自己死后刘泽作乱,于是就封刘泽为琅邪王,想借此来安抚他。

梁王恢迁为赵王后,心怀不满。吕太后就把吕产的女儿嫁给赵王做王后。王后的随从官员都是吕家的人,暗中监视赵王,赵王大权旁落,不能随意行动。

赵王有一位深受宠爱的姬妾,王后就派人用毒酒将她毒死。赵王于是作诗歌四章,让乐工们歌唱。赵王内心悲痛,在六月间自杀了。

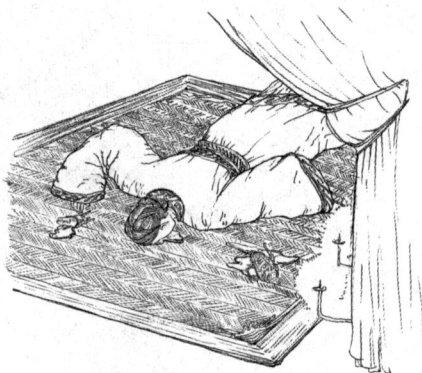

吕太后知道这件事以后,认为赵王为了一个女人,连宗庙礼法都舍弃了,属大不敬。这是重罪,吕太后于是废除了他后代的王位继承权。

宣平侯张敖去世后,吕太后封他的儿子张偃为鲁王,赐给张敖鲁元王的谥号。张偃的祖父就是大名鼎鼎的常山王张耳,诸吕被诛杀光后,鲁国撤销,张偃被贬为南宫侯。

秋天,吕太后派使者告诉代王刘恒,想让他迁为赵王。代王辞谢了,表示愿意继续守卫边远的代国。代王刘恒在高祖十一年(前 196 年)八岁时,刘邦带兵平定了陈豨的叛乱后被立为王,都于晋阳(今山西太原)。

太傅吕产、丞相陈平等人向太后进言说,武信侯吕禄功劳最大,在列侯中排在第一位,请求立他为赵王。太后同意了他们的请求,并追尊吕禄的父亲康侯为赵昭王。

九月，燕灵王刘建去世，他膝下只有一个美人（妃嫔）所生的一个儿子，太后于是派人去把他杀了。燕灵王绝嗣无后，他的封国被废除。

八年（前180年）十月，吕太后又册立吕肃王的儿子东平侯吕通为燕王，册封吕通的弟弟吕庄为东平侯。至此，吕太后册封的异姓王共有鲁王张偃、梁王吕产、赵王吕禄、燕王吕通四个。

三月中旬，吕太后举行了除灾求福的祓禊，回来时路过轵道亭（今陕西省西安市东北），看到一个如同黑狗样的怪物，突然撞到她的腋下，顷刻之间就不见了。让人占卜，说是赵王刘如意在作祟。太后从此就患了腋伤。

吕太后因为外孙鲁元王张偃年幼，很早就死了父母，孤弱无依，就封张敖前妻所生的两个儿子张侈为新都侯，张寿为乐昌侯，来辅佐鲁元王张偃。

吕太后将中、大谒者张释和吕荣也分别被封为建陵侯与祝兹侯。那些在宫中担任令、丞等官职的宦官也都封为关内侯，赐给食邑五百户。

七月中旬，吕太后病势加剧，就任命赵王吕禄为上将军，统领北军，吕王吕产统领南军。吕氏掌握了皇宫的守卫权，太尉周勃终于被架空。

吕太后告诫吕禄、吕产说："高帝平定天下后，曾和大臣们立下誓约，说：'不是刘氏子弟而称王的,天下共同诛讨他。'现在吕家的人被封为王,大臣们心中不平。我如果死了,皇帝年轻,大臣们恐怕要作乱。你们一定要掌握军队,守卫住皇宫,千万不要因为给我送丧而被他人所制服。"

辛巳日,吕太后去世,留下遗诏,赐给每个诸侯王黄金一千斤。将、相、列侯、郎、吏等都按位次赐给黄金。大赦天下。以吕王产为相国,吕禄的女儿作为皇后。

吕太后安葬以后,左丞相审食其接替吕产出任皇帝的太傅。诸吕走出了发动叛乱的第一步。然而,诸吕虽然大权独揽,打算作乱,但由于畏惧老臣周勃、灌婴与以及朱虚侯等人,一直未敢轻举妄动。

朱虚侯名叫刘章,颇有气概勇力,他的弟弟是东牟侯刘兴居,这两个人均是齐哀王刘襄的弟弟,当时都居住在长安。他们势力雄厚,吕氏较为忌惮。

朱虚侯的妻子是吕禄的女儿,因此他私下里了解到了诸吕的阴谋。他害怕自己受到牵连被杀,就暗中派人告诉他的哥哥齐王刘襄,想要让他发兵西进,诛杀诸吕自立为帝。朱虚侯自己则在朝廷里联合大臣们做内应。

齐王想要发兵,他的丞相不听从他的命令。八月丙午日,齐王准备派人诛杀丞相,丞相召平于是造反,发动军队围攻齐王,齐王因此诛杀丞相,接着发兵东进,诈夺了琅邪王刘泽的军队,两军合作一处向西进发。

齐王写信通告各诸侯王说:"吕太后执掌朝政期间,听信诸吕,擅自废掉少帝而另立他人,又接连杀害了如意、友、恢三个赵王,废除了梁、赵、燕三个刘氏封国,用来封诸吕为王,还把齐国一分为四。现在高后逝世,皇帝年幼,诸吕聚兵率卒,胁迫列侯、忠臣,假传诏书号令天下,刘氏宗庙濒临危境。我率兵入京就是要去杀这些不该为王的人。"

消息传到朝廷,相国吕产等人就派颍阴侯灌婴率领军队去迎击齐王。灌婴到达荥阳后,和将士们商议说:"诸吕在关中握有兵权,图谋颠覆刘氏,自立为帝。假如我打败齐国回去,就等于是增加了吕氏的实力。"

于是,灌婴屯兵荥阳,派遣使者告知齐王及各国诸侯,要求他们联合起来,等待吕氏发动变乱,再共同诛灭他们。齐王得知灌婴的打算以后,就带兵返回齐国的西部边界,只等时机成熟,按照约定行事。

吕禄、吕产想要在关中发动叛乱，但在朝廷他们害怕绛侯、朱虚侯等人，在外面他们害怕齐、楚二国的军队，又担心灌婴背叛他们，所以想等到灌婴的军队与齐王交战后再起事，所以犹豫不决。

当时，济川王刘太、淮阳王刘武、常山王刘朝，以及吕太后的外孙鲁元王张偃，因为年纪少都未去封国，住在长安。赵王吕禄、梁王吕产各自带兵分居南北二军，他们都是吕家的人，列侯群臣都感到性命不能自保。

太尉绛侯周勃不能进入军营统领军队。曲周侯郦商年老有病，他儿子郦寄和吕禄要好。绛侯就跟丞相陈平商议，派人挟持郦商，让他的儿子郦寄前去哄骗吕禄交出军权。

郦寄告诉吕禄说："太后死了，皇帝年幼，你佩带着赵王印，却不回去守卫封国，会让大臣和诸侯们产生怀疑。为什么不把将军印和兵权交还给朝廷呢？也请你劝说相国返回封国，这样齐国必然罢兵。大臣们心里踏实，您也就可以在千里封国高枕无忧地做您的赵王了，这是有利于子孙万代的好事呀。"

吕禄果然听信了郦寄的言语,准备交出将军印,把军队归还给太尉。他派人把这事通报给吕产和吕家的长辈们,这些人有的认为可行,有的认为不行,意见不一,迟疑未决。

　　吕禄信任郦寄,常和他一起外出游玩射猎。一次经过他姑姑吕嬃的府第,吕嬃大发雷霆,说:“你作为将军却放弃军队,我们吕家如今就要没有容身之地了。”于是就把所有的珠玉宝器都抛撒到堂下,说:“我没必要替别人来保存这些破烂玩艺!”

　　八月庚申日早晨,代理御史大夫平阳侯曹窋前去会见相国吕产商议政务。恰巧,郎中令贾寿出使齐国回来,这个人对当前形势了如指掌,他因此当面数落吕产的不是。

　　贾寿说:“大王不早早前往封国,现在即使你想走,还能走得了吗?”接着就把灌婴与齐、楚联合结盟,准备诛灭诸吕的事情全都告诉了吕产,催促吕产赶快进宫去同吕禄商议。

　　平阳侯曹窋大致听到了他们的谈话,立即跑去告诉丞相陈平和太尉周勃。太尉想闯入北军,没有成功。

　　襄平侯纪通主管符节,太尉就让纪通拿着符节,假传皇帝诏令,让自己进入北军。太尉又派郦寄和典客刘揭先去劝说吕禄:“皇帝命太尉主管北军,让您回封国去,立刻归还将军印离开,不然就要大祸临头了。”

　　吕禄认为郦寄不会欺骗他,就解下将军印交给典客,把兵权交给太尉周勃。太尉拿着将印进入军门,向军中发令:“拥护吕氏的袒露右臂,拥护刘氏的袒露左臂。”军中将士都袒露左臂拥护刘氏。太尉到来的时候,吕禄也已交出将军印离开了军营,太尉于是统率了北军。

　　然而,南军还在吕氏手里。丞相陈平就召来朱虚侯刘章,让他协助太尉。太尉派朱虚侯监守军门,命令曹窋通知未央宫卫尉:“不准放相国吕产进入殿门。"

吕产不知道吕禄已离开北军，径直进入未央宫，准备作乱，但无法进入殿门，在那里徘徊不定。平阳侯担心不能取胜，就驱马跑去告诉太尉。

太尉也担心不能战胜诸吕，未敢明言杀掉吕产，就派朱虚侯进宫，对他说："赶快进宫保卫皇帝。"朱虚侯要求派兵，太尉调拨给他一千多人。

朱虚侯进入未央宫，看见吕产已在宫中。申时（下午三时到五时），朱虚侯向吕产发起攻击，吕产逃走。这时狂风大作，吕产的随从官员一片混乱，无人再敢抵抗。朱虚侯率兵追逐吕产，在郎中府的厕所中将他杀死。

朱虚侯杀死吕产后，皇帝派谒者手持符节前来慰劳。朱虚侯想夺过符节，谒者不肯。朱虚侯就跟谒者同乘一辆车，凭借谒者手中的符节在宫中驱马奔跑，斩杀了长乐宫的卫尉吕更始。然后跑回北军向太尉报告。

太尉起身向朱虚侯行礼致贺说："我所担心的只有吕产，因为他身为相国，又掌握着南军，现在他已经被诛杀，天下就可以安定了。"随即派人分头把吕氏的男男女女全部抓来，不分老少，一律斩首。

辛酉日，丞相陈平和太尉周勃

等人抓获斩杀了吕禄，笞杀了吕嬃。又派人诛杀了燕王吕通，废除了鲁王张偃的爵位。

壬戌日，恢复了皇帝太傅审食其左丞相的职务。戊辰日，迁封济川王刘太为梁王，立赵幽王的儿子刘遂为赵王。派朱虚侯刘章把诛杀诸吕的事情通告齐王，让他收兵。灌婴也从荥阳收兵回京。

朝廷的大臣们暗地里商议说："少帝以及梁王、淮阳王、常山王，其实都不是孝惠皇帝的儿子。他们是吕太后采用欺诈手段拥立和册封的。如今诸吕已经全部消灭，却还留着吕氏所立的皇帝，一旦他长大亲政，我们这些人就要被灭族了。不如现在挑选一位最贤明的诸侯王，立他为皇帝。"

有人提议说："齐悼惠王刘肥是高帝刘邦的长子，现在他的嫡子为齐王，从血统本源上说，他是高帝的嫡长孙，可以扶立为皇帝。"

大臣们则认为，吕氏就是凭着他们是外戚而专权作恶，几乎毁了刘氏天下，害了功臣贤良。现在齐王外祖母驷家家族里面有个驷钧，是一个恶人，如果立齐王为皇帝，就等于是又复制一个吕氏。

群臣又考虑立淮南王刘长，但还是觉得他太过年轻，他母家的人也很凶恶。最后就说："代王刘恒是高帝健在的儿子当中年龄最大的了，太后娘家薄氏谨慎善良。再说，立长本来就名正言顺，而且代王这个人又以仁爱孝顺闻名天下，立他为帝最合适。"

于是，群臣就背过少帝，暗中派使者前去召代王进京。代王派人入朝婉言推辞。使者再次前去迎请，代王这才带着随从人员，乘坐六辆传车（驿车），很低调地往京城赶来。

闰九月月末己酉日，代王一行人到达长安，住在京城的官邸。大臣们都前去拜见，把天子的玉玺奉上，一起尊立代王为天子。

然而，代王刘恒还是一再推让。群臣坚请不停，代王推托不过，只好答应继承皇位。

车牟侯刘兴居说："诛灭吕氏我没有建立功劳，请允许我去清理皇宫。"于是就和太仆汝阴侯滕公夏侯婴一起入宫，对少帝说："你不是刘氏的后代，不应立为皇帝。"说完挥手示意少帝左右持戟护卫的兵士们放下兵器离去。

有几个人不肯听令，宦者令张泽通告了情况，他们也把兵器放下了。滕公于是叫来车子，载着少帝出了皇宫。少帝问："你们要带我到哪儿去？"

滕公说："出去找个地方住。"就让他住在少府。然后奉天子法驾（天子的卤簿分大驾、法驾、小驾三种，法驾是天子车驾的一种），到代王官邸迎请代王，向他报告："我们已经谨慎仔细地清理完毕皇宫。"

代王当天晚上就进入未央宫。有十名谒者手持着戟守卫端门，喝问："天子还在，你是什么人想要进入皇帝的宫室？"代王叫过太尉，让太尉上前晓谕他们，这十个谒者就都放下兵器离去了。

代王于是进入宫中执掌朝政。当天夜里，主管部门的官吏分头到梁王、淮阳王、常山王的府邸和少帝的住处把他们全部诛杀了。

代王即位，是为汉文帝。汉文帝在位二十三年，前157年去世，谥号是孝文皇帝。

太史公说:"孝惠皇帝和吕太后在位的时候,百姓得以脱离战国以来的苦难,君臣们都希望通过无为而治来休养生息,所以惠帝垂衣拱手,安闲无为,高后以女主身份代行皇帝职权,施政不出门户,天下却也太平无事。极少施用刑罚,犯罪的人也很少。百姓专心从事农耕,衣食逐渐富足起来了。"

孝文本纪第十
人物像

孝文帝

灌婴

周勃

陈平

孝文本纪第十

孝文皇帝是汉高祖的第四个儿子。高祖十一年春,陈豨叛乱被平息后,孝文皇帝被立为代王。十七年后,吕后去世。吕氏家族吕产等人想要叛乱,夺取刘氏天下。在陈平、周勃的策划下,群臣将诸吕诛灭,并欲召回代王,立为皇帝。

丞相陈平、太尉周勃等派人去迎接代王。郎中令张武等人对孝文帝说:"朝廷中的大臣都是过去高帝时的大将,熟悉军事,多谋善诈,他们如今诛灭了吕氏集团,名义上迎接大王,实际意图很难判断。望大王佯称有病,坐观事态变化。"

中尉宋昌反对说:"高祖除暴秦而得天下。分封子弟,废秦苛令,德政于民,即使大臣想要叛乱,百姓也不同意。吕后专权篡政被剿灭,这就是天意。目前高帝仅有淮南王和大王两个儿子,大王又年长,贤能、仁爱,所以立为皇帝是顺应百姓心愿,大王不要疑虑。"

代王和太后磋商后,还是拿不定主意。于是用龟甲来占卜,卦的兆象得到大横。兆辞说:"大横预示着王位更替,成为天王,就像夏启一样发扬光大先帝的事业。"代王说:"我本来已经是诸侯王了,还要做什么王?"占卜的人说:"所说的天王就是天子。"

　　于是代王就派太后的弟弟薄昭前往京城会见绛侯周勃,绛侯等人把迎立代王的意图告诉了薄昭。代王于是笑着对宋昌说:"果然像你说的一样。"于是,就让宋昌陪乘,张武等六人随同前往长安。到高陵后,他们停了下来,派宋昌驱车去长安观察局势的变化。

　　宋昌到了渭桥,各级官员都来恭迎。宋昌回来向代王做了汇报。代王一行来到渭桥,大臣们都来拜见,自称为臣。代王下车答拜。太尉周勃说:"我有话想和王单独说。"宋昌说:"所说的属于公事,就公开说。所说的属于私事,为王的人不接受私情。"

　　太尉周勃就跪下给代王奉上天子印玺和符节。代王请他们到代王邸后叙事。丞相陈平、太尉周勃、大将军陈武、御史大夫张仓、宗正刘郢、朱虚侯刘章、东牟侯刘兴居、典客刘揭在代王邸再拜进言:"我们已和阴安侯、列侯颍、王后,以及琅邪王、宗室、大臣、列侯、二千石以上官员商议,希望大王即位为天子。"

代王说:"奉祀高帝宗庙,是一件重大的事情。我没有才能,不足以奉祀宗庙。希望请叔父楚王考虑一个合适的人,我不敢当此重任。"丞相陈平说:"我和楚王都认为您最合适,我们以宗庙社稷为重,不敢草率从事。"

大臣们都拜伏于地,坚决请求,代王再三谦让不过。最后说:"宗室、将相、诸王、列侯都以为没有比我更适宜的人选,那么我就不敢再推辞了。"于是即位为天子。

皇帝当天晚上进入未央宫,任命宋昌为卫将军,张武为郎中令。当夜下诏说:"近来诸吕把持朝政,阴谋叛逆,危害刘氏天下,众位将相、列侯、宗室和大臣诛灭了他们。我已即位,现令大赦天下,赐给民家户主每人一级爵位,赐给无夫无子的女子每百户一头牛,十石酒,允许百姓聚会饮酒五天。"

孝文皇帝元年(前179年)十月庚戌日(十月一日),改封原琅邪王刘泽为燕王。辛亥日(十月二日),文帝正式即位,在高祖庙举行典礼向高祖禀报。右丞相陈平改任左丞相,太尉周勃任右丞相,大将军灌婴任太尉。诸吕所剥夺的原齐、楚两国的封地,全部归给齐王和楚王。

壬子日(十月三日),文帝派车骑将军薄昭去代国迎接皇太后。对谋划诛灭吕氏集团的将军灌婴,夺取吕产等人兵权的陈平、周勃,捕杀吕产等人的朱虚侯刘章,夺取赵王吕禄将军印的典客刘揭等人论功行赏。

十二月,孝文皇帝改定法令,说:"法令是治理国家的准绳,是用来制止暴行,引导人们向善的工具。如今犯罪的人已经治罪,却还要使他们无罪的父母、妻子、儿女

和兄弟因为他们而被定罪，甚至被收为奴婢。我认为这种做法很不可取，你们考虑一下。"

官员们都说："百姓不能治理自己，所以制定法律来约束他们。无罪的亲属连坐，和犯人一起收捕判罪，就是要使人们心有牵挂，感到犯法干系重大。这种做法由来已久，还是依原来的做法不加改变为宜。"

皇帝说："法律公正则百姓忠厚，论罪量刑得当则百姓顺从。况且官吏的职责是引导百姓向善的。官吏既不能加以引导，又采用不公正的法令处罚他们，怎么能禁止得了犯罪呢？这样的法令，我觉得不合适。请你们再深虑。"官员们都同意了，于是废除了一人有罪，妻室收没为官府奴婢和一些互相连坐的法令。

次年正月，主管大臣进言说要及早确立太子。文帝说："我本是德薄之人，上天还没有享受我的祭礼，百姓还没有感受我的恩惠，我又没有广求天下贤能有德的人禅让，却立自己的孩子为太子，这是加重我的无德，我无法向天下百姓交代。"

主管大臣说："预先确立太子，是以宗庙和国家为重。"皇帝说："我的叔父楚王，哥哥吴王，弟弟淮南王，他们都身怀美德，都是继承皇位的合适人选；诸侯王、宗室、弟兄、有功的大臣等贤明有德之人也可以继承皇位。如果我只专意于自己的儿子，不为天下着想，是不妥当的。我不赞成这种做法。"

官员们都请求说："殷、周立国很长远，就是因为建立了立太子制度。当初高帝率领众将士平定了天下，成为本朝皇帝的太祖；诸侯王也首先接受了封国，成了各侯国的始祖。子孙继承，世世代代不断绝，这是普天之下的大原则，这也是当初高帝的想法。"

官员们继续说："现在如果抛开应当立为太子的人，却从诸侯或宗室中另选他人,那就违背高帝的本意了,是很不合适的。陛下的儿子启最大,且纯厚仁爱,请立他为太子。"文帝终于同意了。于是赐给全国民众中应当继承父业的人每人一级爵位。封将军薄昭为轵(zhī)侯。

三月,官员们请求封立皇后。薄太后说:"皇帝的儿子都是同母所生,就立太子的母亲为皇后吧。"窦皇后即立。文帝因为立了皇后的缘故,赐给天下无妻、无夫、无父、无子的穷困人,以及年过八十的老人,不满九岁的孤儿每人若干布、帛、米、肉。

皇帝即位不久,就对百姓广施德惠,安抚诸侯和四夷民族,最后赏赐从代国跟随来的功臣。皇帝说:"当大臣诛灭吕氏子弟迎接我的时候,我犹豫不决,大家都阻拦我,只有中尉宋昌劝我不要怀疑,这样我才能够祀奉宗庙。已经尊崇宋昌为卫将军,再封宋昌为壮武侯。随从我来都城的六个人,官列九卿。"

文帝说:"当年随高帝进入蜀郡和汉中的列侯六十八人,各加封食邑三百户;官禄在二千石以上曾跟随高帝的颍川郡守刘尊等十人,各赐封食邑六百户;淮阳郡守申徒嘉等十人,各赐封食邑五

百户;卫尉定等十人,各赐封食邑四百户。封淮南王的舅父赵兼为周阳侯,齐王的舅父驷钧为清郭侯。"秋天,封原常山国丞相蔡兼为樊侯。

有人劝告右丞相说:"你诛除吕氏子弟,迎接代王为天子,居功甚伟啊,如今接受了最大的赏赐,处在尊显的地位,不久就要灾难临头。"右丞相周勃就推托有病,罢免了右丞相职务,左丞相陈平一人专任丞相。

文帝二年十月,丞相陈平去世,绛侯周勃为丞相。文帝说:"古代诸侯有一千多个,他们各守封地,按时入朝进贡,上下欢欣。如今列侯大都住在长安,封邑离得又远,要官吏士卒供应给养很不方便,住在长安的列侯又无法管理封地的百姓。命令列侯回到各自的封国去,在朝廷任职留下的诸侯,要派遣太子前往封国。"

十一月的最后一天和十二月十五日两次发生日食。皇帝说:"上天生育了万民,设置了对他们负责的君主。君主不仁德,上天就以灾异相示。日食是上天向我显示谴责之意。我处于亿万民众和诸侯王之上,天下兴衰在我一人。我对下不能治理和养育万物生灵,对上有损于日、月、星辰的光辉,我的不仁德实在是太严重了。"

皇帝说:"诏令不切实际时你们要及时提出;发现直言贤臣要及时给我推选;你们也要检查自己的工作得失,减少徭役赋税。我不能远施德泽,心里很不安,担心边远地区有人为非作歹,所以没有解除军事戒备。既然有边塞屯戍,我身边就没有必要再有军队。现在撤掉卫将军的军队。把太仆多余的马匹送给驿站。"

正月,皇帝说:"农业是国家的基础,我要开垦籍田,亲自率领耕种,以供给祭祀宗庙时所用的谷物。"

三月,官员们请求立皇子为诸侯王。皇帝说:"赵幽王被幽禁而死,我很怜悯他,已立他的大儿子刘遂为赵王。遂弟刘辟疆以及齐悼惠王的儿子朱虚侯刘章、东牟侯刘兴居有功劳,可以封王。"于是就立刘辟疆为河间王,立朱虚侯为城阳王,立东牟侯为济北王,立皇子刘武为代王,皇子刘参为太原王,皇子刘揖为梁王。

皇帝说:"古代为听取民意设有进善的旌旗和批评朝政的木牌,现在法令中却有诽谤、惑众之罪,使人不敢说真话,皇帝也无从了解自己的过失,应当废除这个条文。几个人诅咒皇帝后,约定互相隐瞒,后来又负约相互告发而获罪。这种情况今后一律不加审理,不予治罪。"

九月,文帝把授兵权或调军队的铜虎符和使臣出使所持的竹使符发给各封国丞相和各郡郡守。

文帝三年十月丁酉日，发生日食。十一月，文帝说："日前曾诏令列侯回各自的封国，有的找借口还没有走，希望丞相带头率领列侯回封国。"于是周勃被免去丞相职务回到了封国。文帝任命太尉灌婴为丞相，取消了太尉这个官职。

四月，城阳王刘章去世。淮南王刘长和他的随从魏敬杀了辟阳侯审食其（yì jī）。五月，匈奴进入北地郡，在黄河以南寇掠为害。皇帝初次幸临甘泉宫。皇帝说："我们与匈奴结为兄弟，给予他们很多财物以求边界安宁。但其右贤王率众入侵抢劫，违背约定。令丞相灌婴率骑兵八万五千人去高奴防守匈奴。"

辛卯日，文帝从甘泉宫前往高奴，顺便来到太原，接见原代国群臣，并根据功劳大小全部给以奖赏，赐给百姓牛酒，免除晋阳、中都两地百姓三年的赋税。文帝在太原停留巡游了十多天。

济北王刘兴居趁文帝到代地之机起兵造反。文帝下令灌婴平叛。陈武为大将军，率兵十万讨伐，祁侯缯贺为将军，驻守荥阳接应。七月辛亥日，文帝从太原回到长安。下诏说："济北王背德反上，

罪在不赦,但随从者只要停止反叛活动就一律赦免,官爵复原。"八月,击溃了济北叛军,俘虏了济北王。

文帝六年,淮南王刘长和棘蒲侯的太子陈奇阴谋反叛被发现。皇帝不忍心用国法去惩处刘长,只废除了他的王位,让他去了蜀郡严道县邛都。刘长在路途中病死,皇帝很是怜悯。文帝十六年,追尊淮南王刘长谥号为厉王,封他的三个儿子刘安为淮南王,刘勃为衡山王,刘赐为庐江王。

文帝十三年(前167年)夏天说:"祸患生于怨恨,盛世起于德政,这是天道。官员们的过错,本应由我负责,但祷祝的官员祈祷时把过错都推给了臣下,这就显现出我不仁不德,我非常不赞成这种做法,以后再不能这样。"

五月,齐太仓令淳于公有罪当刑,被押往长安。太仓公无男孩,被捕临走时骂五个女儿说:"生子不生男,有危急时,一点儿用处也没有!"

他的小儿女缇萦独自伤心哭泣,并跟随他到了长安。

她上书说:"齐国人都称赞我父亲为官廉洁公正,如今他却犯了法,我十分悲伤。人如果死了就不能复活,受刑罚后身体就会伤残,想改过自新也没有机会了。我愿意被收入官府为奴婢,来抵赎父亲的刑罪,使父亲能改过自新。"

皇帝说:"有虞氏时,只是在罪犯的衣帽上画上记号,穿上特定的衣服,民众就不犯法了,这是因为当时政治清明到了极点。如今有刺面、割鼻、断足三种肉刑却不能禁止犯法,不就是因为道德教化不够吗?我自己感到很惭愧。"

皇帝接着说:"《诗经》上说:'平易近人的官员才是百姓的父母官。'现在人犯了过错,还没教育就处以刑罚,使他们根本没有改过的机会,我很怜悯他们。施用刑罚割断犯人的肢体,刻伤犯人的肌肤,终身不能长好,是令人痛苦的、不道德的行为,作为百姓的父母官,这种做法难道合乎天下父母所愿吗?应该废除肉刑。"

皇帝说:"农业是天下的根本,什么事请都没有它重要。现在辛勤从事农业生产的人反而要交纳租税,这是把务本和逐末的人没有区别开,劝民务农的方法还没有完备,应该免除农田的租税。"

十四年(前166年)冬天,匈奴叩关夺寨,杀死北地郡都尉孙印。文帝派军驻守陇西、北地、上郡;任命周舍为卫将军,张武为车骑将军,率战车千辆,骑兵十万驻军渭北。文帝亲临军营,欲御驾亲征,群臣无法拦阻,最后皇太后出面,坚决阻拦,才任命东阳侯张相如为大将军,成侯董赤为内史,栾布为将军率军击退匈奴。

次年春天,皇帝又说:"我祀奉宗庙已十四年了,我这样一个不聪敏不圣明的人能长期抚临天下,我深感愧疚。以后各种祭祀都要多放置祭品啊。先王施恩德不求回报,行祭祀不祈福自己,官员任命,先人后己,真是圣明到了极点。命令祭祀官员要按时敬奉神灵,祭祀时不要再为我祈福。"

北平侯张苍为丞相,确定了新的乐律和历法。鲁人公孙臣上书讲述五德学说，认为天象黄龙，当行土德，应改变历法和礼服颜色。皇帝就这件事让大臣们与丞相讨论。丞相认为当今是水德而不是土德，就把十月为岁首的历法，天人感应礼服应为黑色这两件事确定下来，没有采纳公孙臣的建议。

文帝十五年（前165年），黄龙出现在成纪县。皇帝就召见了公孙臣，任命他担任博士。皇帝诏令说："神物出现在成纪，无害于民，今年会有好收成。我要郊祀上帝和诸神，你们按礼仪做好准备，不要怕我劳累而有所隐讳。"掌管礼仪的官员说："古天子在郊外依礼祭祀是在夏天，夏天祭祀叫"郊"。

于是皇帝在十六年夏季四月初次幸临雍县，郊祀五帝，决定服饰崇尚红色。赵人新垣平凭着望云气而知凶吉之术进见皇帝，趁机劝皇帝在渭阳修建五帝庙，并预言这里将会出现周朝的传国宝鼎和奇异的美玉。

文帝十七年（前163年），文帝得到一个玉杯，这个玉杯实际是新垣平为欺骗文帝派人献上的，玉杯上刻有"人主延寿"四个字。于是文帝下诏把这一年改为元年，下令天下民众尽情聚会饮酒。当年，新垣平欺诈的事情被发觉，他被夷灭三族。

后元二年（前162年），文帝说："我不能明察是非，不能施恩德于远方，边远地区的人民不能安定地生活，内地的百姓辛勤劳动也不得歇息，这都是我的过失。近年，匈奴为害边境，杀害许多官吏和百姓，边境的官员和将领又不能领会我的心意，以致加重我的无德。这样长久结下怨仇，双方都不会安宁的。

文帝说："我每天思索匈奴边患之事，派出了一批又一批的使者前往，目的就是让单于知道我的意愿。现在单于有了很大的转变，亲自跟我相约，愿抛弃细小的过失，结为兄弟之好，保全善良百姓。和亲的协议已经确定，从今年开始。"

后元六年（前159年）冬天，匈奴两路人马各三万人入侵上郡和中郡。文帝任命中大夫令勉为车骑将军，驻扎在飞狐口；任命原楚国丞相苏意为将军，驻扎在勾注山；命将军张武驻守北地郡；任命河内郡郡守周

亚夫为将军,驻军细柳;任命宗正刘礼为将军,驻军霸上;命祝兹侯徐悍驻扎在棘门防备匈奴。过了几个月后匈奴人退去了。

这一年天下干旱,发生蝗灾。文帝诏令诸侯不要向朝廷进贡,解除民众开发山林湖泊的禁令,减少宫中各种服饰、车驾和狗马,裁减朝廷官吏的人数,打开粮仓救济贫苦百姓,允许民间买卖爵位。

文帝曾打算建造一座高台,召来工匠计算,造价要值上百斤黄金。文帝说:“百斤黄金相当于十户中等人家的产业,我承受了先帝留下来的宫室,时常担心有辱于先帝,还建造高台干什么呢?

皇帝经常穿着粗丝衣服,他所宠爱的慎夫人,也不准衣服拖至地面,帏帐不得织文绣锦,以此来表示敦厚质朴,为天下先做出表率。修建霸陵全部采用瓦器,不许使用金、银、铜、锡作装饰,不修高大的坟墓,力图节省,不去烦扰百姓。

南越王尉佗自立为武帝,文帝却把尉佗的兄弟召来,使他们显贵,报之以德。尉佗于是取消了帝号,向汉朝称臣。匈奴背约入侵,文帝仅派兵防备,不发兵深入,以防烦苦百姓。

吴王刘濞谎称有病不来朝见，文帝不仅不怪罪，反而趁此机会赐给他木几和手杖，以表示关怀他年纪大，可以免去朝觐之礼。群臣当中如袁盎等人说话尖锐，但皇帝常常以宽容的态度采纳他们的建议。大臣中间如张武等人接受金钱贿赂，皇帝不但不让有司治罪，反而拿出自己府库金钱赏赐给他们，使他们内心感到惭愧。

文帝一心一意致力于道德教化百姓，因此，四海之内，殷实富足，礼义之风。

后元七年巳亥日（前158年6月1日），文帝在未央宫去世。临终前遗诏说："死亡是天地间的常理，万物的自然现象，不必过分悲伤。世人都好生恶死，破其家业陪葬，伤害身体服丧，我很不赞成。我生前不德，无益于百姓，如今死了，又让人们长期服丧，举行各种仪式，这怎么能对得起天下百姓呢！"

"我不敏不德，依赖神灵祖德奉守宗庙二十多年，这已经很幸运了。死后能够侍奉高祖于地下，这还有什么可悲伤呢？向老百姓传达，我死后只准哭丧三天，然后全部脱掉丧服。不禁止娶妻嫁女、祭祀鬼神和饮酒食肉。应该服丧的人都不要赤着脚，丧服绖带不准超过三寸，不准陈设战车和兵器，不准发动民众到宫殿哭丧。"

"宫中应当哭丧的人,每天早晨和晚上各哭十五声,尽礼之后就停止。其他时间不准擅自哭丧。下葬以后,穿大功丧服十五天,小功丧服十四天,细布丧服七天,然后脱去丧服。霸陵山川要保持原样,不要有所改变。后宫夫人以下至少使,都遣散回家。"

六月七日,大臣们给皇帝叩首尊号为孝文帝。六月九日,太子刘启即位。孝景皇帝元年(前156年)十月,下诏御史:"帝王有取天下之功者称祖,有治天下之德者称宗。礼仪音乐各有根据,歌以扬德,舞以显功。高庙献酒祭祀演奏《武德》《文始》《五行》等歌舞。孝惠庙献酒祭祀演奏《文始》《五行》等歌舞。"

孝景皇帝在诏令中总结了孝文皇帝的功绩后继续说:"孝文皇帝德望配天地,利泽施四海,仁政之上古所不及,光辉与日月之同辉,而庙乐不称,我心不安。当为孝文皇帝庙作《昭德》舞,以显扬他的美德。然后将其功德载入史册,流传万代。

丞相申徒嘉等人说:"是啊,我们还认为世间取天下之功莫过高皇帝,治天下之德莫过孝文皇帝,把高皇帝庙作为本朝皇帝的太祖庙,孝文皇帝庙作为太宗庙,后代天子当世世祭祀。诸侯郡国也要为孝文皇帝建立太宗之庙祭祀。每年朝廷祭祀,诸侯郡国都要陪侍天子祭祀。这些内容要写入文献,向天下公布。"景帝说:"很好。"

太史公说:"孔子曾说:'建立了新的国家,经过三十年时间后才能实现仁政;善良的人治国,一百年后也就可以消除残暴和刑杀。'的确如此。孝文皇帝时汉朝已建国四十多年了,德政已全面推行,孝文帝下一步要做的工作就是更改历法、服色,进行封禅祭祀了,可由于他过于谦让,这些事情至今尚未去做。他是多么的仁啊!"

孝景本纪第十一
人物像

孝景帝

窦婴

周亚夫

孝景本纪第十一

孝景皇帝是孝文皇帝的儿子，排行居中。他的母亲是窦太后。孝文皇帝在代国的时候，先前的王后生有三个儿子，窦太后得宠后，前任王后去世，她的三个儿子也相继死亡，因此孝景帝得以继位。

孝文皇帝有七个儿子，刘启是他的第四个孩子，是窦太后的大儿子。刘启后来被立为太子。

前156年（前元元年）四月乙卯日，太子刘启即位，刘启即孝景帝，这一年大赦天下。

乙巳日，孝景皇帝赐给民众每户户主爵位一级。五月，下诏减去一半田租。为孝文皇帝修建太宗庙，诏令群臣不必为此上朝拜贺。

这年，匈奴侵入代地，朝廷与匈奴定约和亲。

前元二年（前 155 年）春天，封原相国萧何之孙萧系为武陵侯。规定男子满二十岁开始造册登记服徭役。

四月壬午日，文帝的母亲薄太后去世。景帝的儿子广川王刘彭祖、长沙王刘发都回到自己的封国。丞相申屠嘉去世。八月，任命御史大夫开封侯陶青为丞相。

此年，天象有异。彗星出现在天空的东北方向。

秋天，衡山一带下了冰雹，最大的达直径五寸，地面最深的被砸出二尺坑。火星逆向运行到北极星所处的星空。月亮从北极星星空穿过。木星在太微垣区域逆向运行。

孝景皇帝下诏设置南陵、内史和役栩（duì yǔ）三个县。

前元三年（前154年）正月乙巳日，大赦天下。西方天空出现流星。天火烧掉了洛阳的东宫大殿和城楼。

吴王刘濞、楚王刘戊、赵王刘遂、胶西王刘卬，济南王刘辟光、淄川王刘贤和胶东王刘雄渠，以反对晁错为名，起兵向西进发，反叛朝廷。

景帝为安抚反叛的诸侯王杀了晁错，派遣袁盎把杀掉晁错的消息通告七国，但他们仍不罢兵，继续西进，包围了梁国。

景帝于是派了大将军窦婴、太尉周亚夫率军讨伐，最终平定了叛乱。

六月乙亥日，下诏赦免被打散逃亡的叛军和楚元王的儿子刘艺等参与谋反的人。

封大将军窦婴为魏其侯。立楚元王的儿子平陆侯刘礼为楚王。立皇子刘端为胶西王，刘胜为中山王，改封

济北王刘志为淄川王,淮阳王刘余为鲁王,汝南王刘非为江都王。齐王刘将庐、燕王刘嘉都去世了。

前元四年(前153年)夏天,立皇太子。封皇子刘彻为胶东王。六月甲戌日,大赦天下。

闰九月,把易阳改名为阳陵。重新在水陆要道设置关卡,民众用凭证方得出入。冬天,改赵国为邯郸郡。

前元五年(前152年)三月,修建阳陵和渭桥。

五月,拨钱二十万,招募民众迁居阳陵。大风暴从西边而来,侵袭江都一带,高达十二丈的城墙被毁。

丁卯日,景帝封姐姐长公主的儿子为隆虑侯。改封广川王刘彭祖为赵王。

前元六年(前151年)春天,封中尉卫绾为建陵侯,江都国丞相程嘉为建平侯,陇西郡太守公浑邪为平曲侯,赵国丞相苏嘉为江陵侯,前将军栾布为鄃(shū)侯。梁王、楚王去世。

闰九月,砍伐驰道两旁的树木,填平兰池。

前150年冬天,废黜栗太子刘荣,封他为临江王。十一月最后一天,发生日食。

春天，赦免和释放修建阳陵的囚犯和奴隶。丞相陶青被免职。二月乙巳日，任命太尉条侯周亚夫为丞相。

四月乙巳日，立胶东王的母亲为皇后；丁巳日，立胶东王彻为太子。

中元元年（前149年），封前御史大夫周苛的孙子周平为绳侯，前御史大夫周昌的孙子周左车为安阳侯。

四月乙巳日，大赦天下，赐给民众每户户主爵位一级。废除了不准商人、入赘女婿做官和不准犯过罪的官吏重新做官的法令。

该年发生地震。衡山、原都地区下了冰雹，最大的直径一尺八寸。

中元二年（前148年）二月，匈奴入侵燕地，朝廷因此断绝与匈奴和亲。

三月，下令召临江王刘荣来京问罪，刘荣畏罪，就在中尉府中自杀了。

夏天，立皇子刘越为广川王，刘寄为胶东王。分封了四个列侯。九月甲戌日，发生日食。

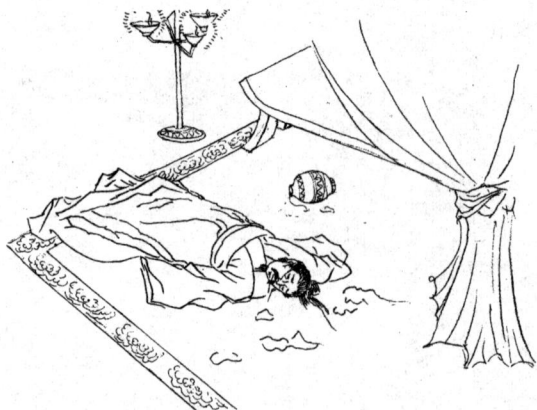

中元三年（前 147 年）冬天，废除诸侯国中御史中丞一职。春天，匈奴的两个王率领自己的部众前来归降，都被封为列侯。立皇子刘方乘为清河王。

三月，彗星出现在天空的西北方。丞相周亚夫被免职，任命御史大夫桃侯刘舍为丞相。

四月，发生地震。九月最后一天戊戌日，发生日食。在京城的东都门外驻扎军队。

中元四年（前 146 年）三月，修建德阳宫。发生大蝗灾。秋天，赦免修建阳陵的囚犯。

中元五年（前 145 年）夏，立皇子刘舜为常山王。分封了十个列侯。

六月丁巳日，大赦天下，赐给民众每户户主爵位一级。发生严重涝灾灾害。将诸侯国的丞相改称为相。秋天，发生地震。

中元六年（前 144 年）二月己卯日，景帝亲自到雍县，在效外祭祀五帝庙。

三月，下起冰雹。四月，梁孝王、城阳共王、汝南王都去世了。分别立梁孝王的儿子刘明为济川王，刘彭离为济东王，刘定为山阳王，刘不识为济阴王，把梁国一分为五。

封了四个列侯。把廷尉官职改名为大理，将作少府改名为将作

大匠,主爵中尉改名为都尉,长信詹事改名为长信少府,将行改名为大长秋,大行改名为行人,奉常改名为太常,典客改名为大行,治粟内史改名为大农。

把主管京城仓库的大内定为二千石级的官员,设置左、右内官,隶属于大内。

七月辛亥日,发生日食。八月,匈奴侵入上郡地区。

后元元年(前143年)冬天,把中大夫令改名为卫尉。

三月丁酉日,大赦天下,赐给民众每户户主爵位一级。赐给中二千石一级的官员和诸侯国的相以右庶长的爵位。

四月,下令特许民众聚会饮酒。

五月丙戌日,发生地震。上庸县地震连续了二十二天,城墙被震毁。

七月乙巳日,发生日食。丞相刘舍被免职。

八月壬辰日,任命御史大夫卫绾为丞相,封为建陵侯。

后元二年(前142年)正月,一天之内连续三次地震。

郅都将军率军回击匈奴。下令准许民众聚会饮酒五日。

诏令内史和各郡不准用粮食喂马,违者将其马匹收归官府。

因为这一年粮食歉收,规定罪犯和奴隶穿很粗糙的七缌(zōng)布衣服。禁止用马舂米。诏令全国节约用粮,严禁不到收获时节就把口粮吃完。

减少驻京的列侯,让他们回到自己的封国去。

三月,匈奴侵入雁门郡。十月,把高祖陵墓长陵附近的官田租给农民耕种。

发生大旱灾。衡山国、河东郡和云中郡发生瘟疫。

后元三年(前141年)十月,太阳和月亮连续五天呈现红色。十二月最后一天,雷声大作。太阳变成紫色。五大行星倒转逆行,在太微垣区域。月亮从太微垣星区穿过。

正月甲寅日，皇太子刘彻举行加冠典礼。

甲子日，孝景皇帝逝世。遗诏赐给诸侯王以下至平民应该继承父业的人每人爵位一级，全国每户一百钱。把后宫宫人遣散回家，并免除其终身的赋税。

太子刘彻即位，是为孝武皇帝。三月，封皇太后的弟弟田蚡为武安侯，田胜为周阳侯。把景帝的灵柩安葬在阳陵。

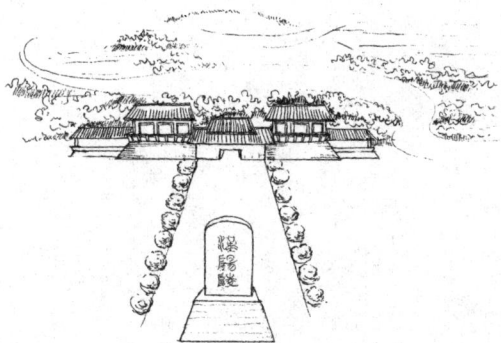

太史公说："汉朝兴起后，孝文皇帝广赐恩德，百姓安居乐业，到了孝景帝时代，汉室就不再担心异姓诸侯反叛了。而晁错却要刻意销弱同姓诸侯国的权力，导致七国叛乱，使他们合纵西向抗击朝廷。当时各诸侯的势力正盛，而晁错的举措过于急促。主父偃提出诸侯王可以让自己的子弟为侯的建议后，诸侯国的势力才得到了销弱，国家才得以稳定。所以说治理国家采取什么样的谋略至关重要。"

孝武本纪第十二
人物像

孝武帝

栾大

公孙卿

李少君

赵绾

孝武本纪第十二

孝武皇帝名彻,他是孝景皇帝和王太后的儿子,在景帝诸多皇子中排行居中。孝景四年(前153年),刘彻被封为胶东王。

孝景七年(前150年),栗太子刘荣被废,此后被贬为临江王,胶东王刘彻被立为太子。景帝在位十六年后去世,太子刘彻即位,是为孝武皇帝。孝武皇帝,十分重视祭祀。

孝武元年(前140年),汉朝建立已六十多年了,当时天下已经安定,大臣们就审时度势,建议天子在泰山和梁父山举行封禅大典,并根据新的形势对有关政策进行调整。孝武皇帝崇尚儒学,采纳了他们的建议。

赵绾(wǎn)、王臧等人靠文章才学入朝做官,职位官至公卿。他们入仕后极力推行自己的政治主张:建议天

子按古制在长安城南建立明堂，宣明政教，对天子的出巡、封禅等事项做了周密的筹划和准备，对历法、服色等制度提出了改制意见。不料，这些措施遭到了推崇黄老学说的窦太后势力的强烈反对。

为了制止赵绾等人的改制工作，窦太后私下派人调查了赵绾等人非法谋利之事。收集了诸多证据后，下令对赵绾等人拘捕审查。二人不堪刑罚折磨自杀，改制工作就此夭折。

孝武帝即位六年后窦太后去世。第二年(前134年)，皇上就重新提起了当初的改制之事，又开始招贤纳士，让他们继续赵绾、王臧二人的未竟事业。经过选拔，公孙弘等人脱颖而出。一年后，孝武皇帝第一次来到雍县，在先前祭祀五位天帝的五畤(zhì)隆重举行了郊祀，并规定以后每三年郊祀一次。

皇上四处访求神君，这时就来到了上林苑中的蹄氏观。此观供奉的神君本是长陵的一个女子，她因儿子夭折而悲伤，最后忧郁而死。后来她为妯娌宛（yuān）若显灵，宛若就把她请回到家中供奉，周围很多人也前去祭祀。

再后来，战国时的赵国公子平原君也前往祭祀，于是，此神君的香火就开始旺盛起来，她的后代子孙也因而名声显赫，地位尊贵。武帝听说此事后就用隆重的礼仪把她请进宫里供奉，传说祭祀时能听见她的说话声，但看不见他的身影，情景十分神秘。

有个叫李少君的方士专祀灶神，他以讲解养生之道和不老之方觐见皇上，受到了皇上的重视。其实，这个李少君并没有什么过人之处，当初只不过是深泽侯的舍人，在深泽侯家中主持方术之事。这时，他隐瞒了自己的真实身份和年龄，谎称自已经七十岁了，能驱神使鬼，让人长生不老，说自己就凭这些本事曾遍游诸侯各国。李少君的吹嘘愚弄了很多人，人们都纷纷拿出财物敬献给他。

李少君曾到武安侯家中宴饮，在座的有一位九十多岁的老人，他和老人攀谈，说自己曾和老人的祖父在一起游玩射猎，时间和地点都说得十分具体，老人

又一一验证,满座宾客听后无不惊讶。

少君去拜见皇上,皇上拿出一件古铜器让少君看,少君说:"齐桓公十年,齐国把这件铜器陈列在柏寝台。"经查验铜器上的铭文,这件铜器果真是齐桓公时的旧物。于是,在场的官员们都十分惊讶,认为李少君就是神仙,年龄已经几百岁了。

李少君越来越受到皇帝的宠信,于是他大胆地对皇上说:"祭祀灶神就能招来鬼神,招来鬼神朱砂就能炼成黄金,用了这样的黄金餐具就能延年益寿,寿命长久将会见到蓬莱仙人,见到仙人后举行封禅礼仪就可以长生不老。当年黄帝就曾用过此法。"

他还说:"我在海上游历时曾见到过安期生,他给我枣吃,那枣儿像瓜一样大。安期生是仙人,来往于蓬莱的仙山之中,跟他投缘的,他就出来相见,不投缘的,他就躲起来不见。"这一通言论让皇上深信不疑,皇上于是开始祭祀灶神,好让自己长生不老。

李少君后来病死了,但天子却认为他成仙了,为了把李少君的"事业"延续下去,皇上就命令黄锤县的佐吏宽舒学习李少君的方术,并不断派人去访求蓬莱仙人

安期生。此事传开后,燕国、齐国的沿海一带很快就出现了许多神秘方士,他们纷纷仿效李少君前来进见皇上,皇上一一接纳了他们。此后全国各地的方士不断增多,千奇百怪的故事也不断传出。

亳(bó)县人薄谬忌前来进献祭祀泰一神的方法,他上奏皇上说:"天神中最尊贵的神是泰一神,五帝是泰一神的辅佐神。古时天子在春秋两季分别对泰一神进行祭祀,祭祀的地点在长安的东南郊。祭祀泰一神的祭品是牛、羊、猪三牲,祭祀时间长达七天之久,泰一神的祭坛八面开有通道,供神鬼往来。"皇上听后就让太祝在长安的东南郊立泰一神祠祭祀。

不久又有人上书说:"古时天子用牛、羊、猪三牲祭祀三一神,三一神即天一神、地一神和泰一神。每三年都要祭祀一次。"天子于是又让太祝去建泰一神坛,并按照薄谬忌所说的方法祭祀。

此后又有人上书说:"古时候天子用食其母的恶鸟枭鸟、食其父的恶兽破镜各一只祭祀黄帝;用羊祭冥羊神;用一匹青色雄马祭马行神;用牛祭泰一神、皋山山君、地长神;用乾鱼祭武夷山神;用一头牛祭阴阳使者神。"天子准奏照办,让人在薄谬忌奏请的泰一神坛旁进行祭祀。

后来,皇家花园里发现了一只白鹿,为了迎合这个他们认为的祥瑞之兆,天子就命令用白鹿皮制作货币。此后天子又下令铸造了白金币。

之后第二年,天子在雍县郊祀时猎获了一头独角兽,形状极像麃(páo)子。主管官员说:"由于陛下的虔诚感动了上

帝,上帝就把这头独角兽赐给您,它大概就是所说的麒麟吧。"天子听后大喜,在五畤(zhì)祭祀天地时用它做主祭品,另外再加了一头牛。

天子要举行封禅大典,济北王就上书天子,请求把泰山及其周围的城邑献给天子,以方便天子进行祭祀。天子接受了济北王的提议,收回了这些地方后,另给济北王封赐了其他县邑作补偿。常山王有罪被迁出了封地,天子就把他的弟弟封在了真定,让他继承祖宗的祭祀,然后把常山国改为郡,由天子直接管辖。这样,五岳之地就都由天子直接管辖了。

之后第二年,齐国人少翁觐见天子,自称能招引鬼神。皇上因十分思念去世不久的王夫人,就让少翁夜间作法,使王夫人和灶神出现。少翁作法后,天子隔着帷幕果然望见了王夫人和灶神,天子于是就十分相信少翁。

皇上封少翁为文成将军,赏赐他了很多金钱珠宝。文成将军说:"皇上想与神仙交往,但您宫室的用具却不像是神仙用的,必须更换这些物品。"皇上对文成将军言听计从,就更换了这些器物,并画了很多被云气笼罩的车子,把它放置在宫室的不同方位,好让神仙享用。

皇上又按照文成将军的提议营建了甘泉宫,宫中建有高台宫室,各宫室分别画着天神、地神和泰一神,神像前摆满了祭品,以便方便天神享用。但一年多时间过去了,神仙依旧未来。

为了取得皇上的信任,文成将军在一块帛上写了红颜色的字,然后把它塞进了牛肚里。此后他故作惊讶地对人说这头牛很怪异,让人杀牛查看。杀掉牛后果然发现了帛书,但有人却看出了端倪,说帛上的文字好像是文成的笔迹。经审问,文成将军招供,皇上于是就杀了他。

文成死后的第二年,天子在鼎湖宫病得很重,巫医用尽方法,但病情依旧不见好转。游水发根于是说:"听说上郡有个巫师,他生病时鬼神能附在他的身上说话。"皇上听后就召来了这位巫师,把他供奉在甘泉宫里。

巫师生病时，皇上就派人去问附在巫师身上的神君。神君说："天子不必担忧，病一会儿就会好的，您可以来甘泉宫与我相会。"说完话不久，天子的病情果然减轻了，天子此后就前往甘泉宫与神君相会，不久病就痊愈了。

天子为此大赦天下，并把此神君尊奉在了寿宫，尊他为太一神。太一神君的辅佐神是大禁、司命之类的神仙，人们虽然从未看到过众神仙的模样，但却能听到神仙们的说话声。神君们都依附在巫师身上，巫师住在内室的帷帐中。神仙们往往在晚上说话，但有时白天也会说话。

天子要见神君，必先进行袚（fú）祭，然后才能进入内宫。但通常情况下，皇上令一巫师为主人，让他关照神君的饮食，众神所说的话都通过他来转述，这叫做"画法"。其实，神君所说的话一般世俗人都能听懂，可是天子却把它视为不可泄露的天机，并为此暗暗高兴。

此后的第三年，主管官员建议改变纪元方法，说年号应根据上天的预兆来命名，不能永远按顺序向下延续。开国的第一个年号应以"建元"纪元；第二个年号可用"元光"纪元，因为当时出现了拖着长尾的彗星；第三个纪元因为郊祀时得到了独角兽，可以称为"元狩"。

第二年冬天，天子举行完郊祭后又准备祭祀后土，主管官员和太史令司马谈、祠官宽舒等人提议道："祭祀天地的牲牢应用犄角刚刚长出，颜色呈黑发亮的幼牛；祭后土时要在大泽中的圆丘上筑五个祭坛，每个祭坛用牲

牢黄牛犊一头,祭祀完以后,这些祭品要全部埋掉;陪从祭祀的人员都要穿黄色礼服。"

天子按以上提议进行了安排,首次在汾阴丘上立了后土祠(今山西万荣县荣河镇),修建了祭坛,准备了祭品,用祭祀上帝的礼仪祭祀了地神(后土)。祭礼结束后,天子经荥阳返回长安,途径洛阳时下诏说:"夏、商、周三代已经很久远了,他们的后代已所剩无几,现划出三十里地赐给周王的后代,封他为周子南君,让他继承周代的祭祀。"

这年春天,乐成侯上书给皇上推荐方士栾大。栾大是胶东王刘寄的宫人,曾与文成将军同师学习,后来为胶东王配制药剂。乐成侯的姐姐是胶东康王的王后,她

没有儿子,康王死后,康后的生活十分淫乱,加之她与新王不合,彼此就设法加害对方。康后听说文成将军已死,为了寻求势力依靠,就派栾大以谈方术为名进见皇上。

天子杀死文成将军后也很后悔,见了栾大后自然格外开心。栾大这个人高大英俊,大话出口成章,他吹嘘说:"我曾经在海中往来,见到过安期生、羡门高那些仙人!不过他们认为我地位低下,不信任我,又觉得康王只是个诸侯,不配把神仙方术传给他。我为此多次向康王进言,但康王不听。"

栾大说:"我的老师曾对我说:'黄金可以炼成,黄河可以堵塞,不死之药可以求得,神仙也可以招来。'但我担心像文成一样遭到杀身之祸,因此不敢再谈方术。"皇上说:"文成是误食马肝而死,谁也没有加害于他。如果你对老师的方术真的有研究,我还有什么舍不得给你呢!

"我的老师不是有求于人,而是别人有求于他。陛下如果真想招来神仙,那就要让神仙的使者地位尊贵,让他的家眷生活安逸,再给他佩带各种印信,这样他才可以传话给神仙,但神仙是否肯来还很难说。总之,

只有让神仙的使者极为尊贵，才有可能招来神仙。"

皇上于是封栾大为五利将军。一个多月后，栾大又佩戴上了四枚金印，即天士将军金印、地士将军金印、大通将军金印、天道将军金印。皇上说："从前大禹疏通了九江，开引了堰塞，现在，河水又泛滥无法治理，我继位二十八年来，虔诚地祭祀上天，上天因而把大通将军送给我，我相信大通将军到任后，洪水就一定能够得到治理。"

皇上说："应该以二千户食邑封地士将军栾大，封他为乐通侯。"此后又赐给了栾大上等宅第、奴仆千人及大量器物，还把卫长公主嫁给了他。天子又刻了一枚"天道将军"的玉印，派使者手持玉印，身着鸟羽衣，夜间站在白茅草上赠予五利将军，五利将军也以同样的装束和方式接受玉印，以此表示双方地位的平等。

栾大佩戴着"天道将军"之印，表示他是天子和天神之间的引导者。他在家中时常夜间祭祀神灵，祈祷神仙降临，但一直没等来神仙。栾大于是东去海上，据说是寻找他的老师去了。此后，燕、齐沿海地区的方士们都精神振奋，都说自己有秘方，也能通神仙，期待皇上重用。

这年六月中旬，一个叫锦的汾阴巫师在魏脽（shuí）后土祠旁为民众祭祀祈福，当看见脚下的地面异样隆起时，他就让人刨开土来看，结

果得到了一只鼎。这只鼎的表面只有花纹而没有文字，巫师觉得奇怪，就把这件事告诉了当地官吏。当地官吏又把这件事报告给河东太守胜，胜又把它报告给了朝廷。

天子派使者查验了巫师锦得鼎的详情，确认没有诈伪之后，就用礼仪祭祀了天地，然后准备把鼎请到甘泉宫。天子随鼎而行，当走到中山时，天上飘来一片黄云，地上恰巧跑过来一头麀子，皇上就射死了这头麀子，用它来做祭品祭祀天地。到长安以后，公卿大夫们都提议皇上把宝鼎供奉起来。

天子说："近年来黄河泛滥成灾，庄稼歉收，所以朕亲自巡游祭祀后土，为百姓祈福，因此今年粮食就获得了丰收，但朕还未来得及祭祀天地，为什么就会出现一只鼎呢？"

主管祭祀的官员说："听说从前伏羲太昊造了一只神鼎，表示天地万物都归统于神鼎；黄帝造了三只宝鼎，以示天、地、人事之所系；夏禹铸成九只宝鼎，都曾经用来烹煮牲畜祭祀上帝和鬼神。这些宝鼎都出现在盛世，周朝末年世风日下，道德衰败，宋国祭祀土神的社坛被毁灭，从此鼎就隐伏不再出现了。"

主管官员接着说："《颂》中这样说'堂内堂外，紧张忙碌，牛羊祭品，样样俱全，大鼎小鼎，排列成行，庄重肃穆，福寿无疆'。如今宝鼎又出现了，已置放在了甘泉宫，您看它外表光润，回龙纹徐徐铺开，无穷无尽的吉祥尽显其中，这正与中山所见的云气相合，与射中黄云下的麀子相照应啊！"

主管官员继续说："鼎在这时出现，这正是由于皇上的虔诚感动了上天，天帝才以这种方式给您做出兴盛的预兆。宝鼎应该进献到祖庙，珍藏在天帝的宫廷,以此表明皇上受命于天!"皇上同意照办。

入海求仙的人都说,蓬莱仙山看上去不远,但却无法到达,原因是人们不识云气。皇上于是就派望气的官员去东海观察云气。这年秋天,皇上到雍县准备郊祭五帝,有人说:"五帝只是泰一神的配祭,应该立泰一神位,并由皇上亲自郊祭。"皇上表示稍有怀疑。

齐人公孙卿对人说:"皇上得到宝鼎的时间是冬季辛巳日,这天早晨交冬至,这和黄帝得到宝鼎的时辰是相同的。"公孙卿向人们展示了一部木简,上面记载说,黄帝当年得宝鼎是在宛朐(qú)县,时间是冬至日。当年黄帝也就此事问过鬼臾区。

木简记载:"鬼臾区回答黄帝说:'帝得宝鼎神策,时在己酉日,这天是朔日,早晨交冬至,这是符合天道历数的。天道历数是周而复始、循环往复的。'于是黄帝就观测太阳的运行来推算历法,以后大致每二十年就遇到朔日早晨交冬至,一共推算了二十次,共三百八十年。此后,黄帝成仙,升天而去。"

公孙卿想通过所忠把这件事上奏皇上,所忠看到木简后心生了怀疑,他认为公孙卿所言纯属无稽之谈,于是推辞说:"供奉宝鼎的事已经定下来了,再去也没有什么意义。"公孙卿被所忠拒绝后不甘罢休,又去寻找天子身边的其他人去上奏。

皇上知道这件事后就召来公孙卿,公孙卿说:"传这本书的人是申功,但申功已经死了。"皇上问:"申功是什么人?"公孙卿说:"申功是齐人,与安期生有交往,受过黄帝的教诲,他在书中说'历法循环往复,汉代的兴盛期应重复在黄帝在位时期,圣君将出现在高祖的孙子或曾孙之中。'"

他继续说："有了宝鼎，就能与神仙相通，应该举行封禅。自古以来，举行过封禅大典的有七十二个王，只有黄帝能登上泰山祭天，您也应该登上泰山祭天，然后就可以成仙了。黄帝时代诸侯国上万，而祭祀山川的就有七千个；天下的名山有八座，三座在蛮夷境内，五座在中原地区。中原地区的名山有华山、首山、太室山、泰山和东莱山，黄帝常在这几个地方与神仙相会。

"黄帝边行军作战，边学神仙之术，他担心有人对他所学的仙道进行诋毁，就果断地把那些不信鬼神的人处死。一百多年后，黄帝就能与神仙相互沟通了。黄帝在雍县祭祀上帝，在那里住了三个多月。鬼臾区别名大鸿，死后葬在雍地，原鸿冢就是他的坟墓。

"黄帝在明廷迎接过上万次神灵。明廷，就是现在的甘泉山。寒门，就是现在的谷口。黄帝开采首山的铜矿，在荆山脚下铸鼎，鼎铸成后，有一条脖颈下悬着垂肉，两腮长着胡须的龙从天而降来迎接黄帝，黄帝于是就骑着龙上天了，群臣和后宫嫔妃跟随上天的有七十多人。

"不能跟着上天的臣子就抓住龙须不放，以至于龙须都被抓断了。由于龙背上的人太多，黄帝的弓也被挤落下来，百姓们抬头望着黄帝升天而去，就抱着他的弓和龙须大声哭喊，所以，后世人就把那个地方称作鼎湖，把那张弓称作乌号。"

天子听着这个时间和地点都很具体的故事，内心非常信服，他说："啊！如果我能像黄帝那样升天该有多好啊，离开了妻子儿女成仙，就好比脱掉了自己脚上的鞋子，整天都是无拘无束、自由自在的啊。"于是皇上封公孙卿为郎官，让他往到东太室山去等候神仙。

皇上接着去雍县郊祀，此后又到了陇西，登上了崆峒（kōng tóng）山。回到甘泉宫后，皇上命祠官宽舒等人设置泰一神的祭坛，祭坛依照薄谬忌所说的三层建筑样式建造；依照五帝所属的方位，把五帝的祭坛环绕在泰一坛下。黄帝的祭坛建在了西南方，坛中修了八条供鬼神往来的通道。

泰一坛的祭品除有雍县五畤中一畤的祭品外，还有甜酒、枣果和干肉，此外再加一头牦牛作牲牢。五帝坛只进献牲牢和甜酒，牲牢的制作办法是：把白色的牛开膛破肚，然后把鹿塞进牛的腹腔中，再把猪塞进鹿的腹腔中，最后放在肉汁里浸泡成祭品。祭日神时用牛，祭月神时用羊或猪，但都只能选择一头。祭祀完后要把祭品全部烧掉。

祭泰一神的祝官身穿紫色绣衣；祭五帝的祝官的礼服按五帝所属五行的颜色设色；祭日穿红衣，祭月穿白衣。祭祀时坛上布满火炬，坛旁放着蒸煮祭品的大小鼎。

十一月辛巳朔日早晨交冬至，天刚亮，天子就在郊外祭祀泰一神，早晨朝拜日神，傍晚祭祀月神。拜日月神时都行拱手礼；祭拜泰一神时则按照在雍县的郊祀礼仪进行。

祭祀泰一神的祝辞内容是："上天把宝鼎赐给天子，让天子的统治永无止息。天子在此恭敬地朝拜天神。"祝官祈祷说："祠坛上方出现了光亮。"

公卿大臣们此后在一起说："皇帝当初在云阳宫（即甘泉宫，位于陕西淳化县西北）郊祀祭拜泰一神，负责祭祀的官员捧着直径六寸的大璧、祭上毛纯膘肥的美牲，当夜就有美丽的光彩出现，白天有黄色的云气升腾。"

太史令司马谈、祠官宽舒等人说："这美好的景象是神灵对我们发出的吉祥预兆,应该在灵光出现的地方建立泰畤坛与神君呼应。命令太祝负责建立祠坛,并在每年秋天和腊月间举行祭祀。天子每三年要来这里郊祀一次。"

这年秋天(前 111 年),天子为讨伐南越祭告泰一神,祭祀的旗杆用牡荆做成,祭祀旗上画着象征天一三星的日月、北斗和腾空升起的龙。因为这面幡旗打在队伍的前方,所以把它叫做先锋旗,名曰"灵旗"。在为兵事祭告时,由太史手持灵旗指向被伐国的方向。

五利将军东去后仅在泰山上做了祭祀,并未为皇帝入海求仙。皇上一直暗中派人跟随他,对他的踪迹了如指掌,但五利将军却谎称他见到了老师,皇上知道他在说谎,就下令杀了他。

这年冬天,公孙卿在黄河南岸等候神仙,他自称在缑氏城墙上发现了仙人的踪迹,造谣有个形状像野鸡一样的神物不断在城上出现。

天子听后亲自前往缑氏城察看,但一直没有看到神物。天子于是问公孙卿说:"你不会是在学文成和五利说谎话吧?"公孙卿说:"仙人并没有什么要求于人主的,只有人主有求于仙人,您如果不耐心等待,神仙就不会到来。神仙之事听起来荒诞,时日长了就会验证。"

此时,各郡国为了迎接神仙的到来,都各自清理自己国家的街道卫生,修缮封国内的宫殿、庙观,祭拜境内的名山,希望神仙首先光临自己的封国。

攻灭南越之后,有个叫李延年的人以优美的歌乐觐见皇上。皇上很热情地接待了他。

皇上对公卿大臣们说:"民间祭祀时还有鼓、舞和音乐,而朝廷郊祀时却没有音乐,这相称吗?"公卿大臣们说:"古时候祭祀天地都有音乐,因此神仙才来享用祭品。请皇上祭祀时使用音乐。"

又有人回答皇帝说："当初泰帝让女神素女演奏五十弦的瑟，那瑟声深沉浑厚，伤感悲切，泰帝让她停下来，但余音震颤不能停止，所以泰帝就把素女的瑟改成了二十五弦。请皇上祭祀时用二十五弦的瑟。"

平定南越后，皇上祭泰一、后土时就开始增设了乐舞。此后朝廷就广召歌手，并开始制作二十五弦瑟和箜篌(kōng hóu)在祭祀时演奏。

皇上在第二年(前110年)冬说："古时帝王举行封禅仪式时先要休兵止武，我们也应仿效。"此后他就带着十几万军队北上巡视朔方，回来时在桥山黄帝陵进行了祭祀，在须如遣散了军队。

当时皇上问随从官员说："人们都说黄帝没有死，但为什么这里却有他的陵墓？"有人回答说："黄帝升天后，大臣们就把他的衣冠埋在这里，所以有陵墓。"皇上到了甘泉宫，因为准备到泰山举行封禅，所以就先在这里祭祀了泰一神。

自从得了宝鼎，皇上就跟公卿大臣及众儒生们商议封禅之事。但由于封禅仪式很少举行，具体的办法和礼仪早已失传，因此准备工作十分艰难。众儒生商议后一致主张采用《尚书》、《周官》、《王制》中记载的天子射牛、望祀时的仪式来进行。

齐人丁公已经九十多岁了，他说："封禅的'封'字有不死之意，但仪式一定要在泰山顶举行！秦始皇行封礼时没能登上泰山顶，所以不能长生不老。陛下如果一定封禅，就应该坚持上到山顶，只要稍微登高一些就不会像秦始皇一样遇到风雨了。"皇上于是命令儒生们反复练习天子射牛仪式，准备登高封禅。

几年后将要进行封禅，公孙卿和方士们又说，黄帝以前的帝王们举行封禅，都招来了怪异之物而与神仙相通。皇上听后大喜，就想仿效黄帝当初迎接仙人蓬莱士的做法举行封禅礼仪，下令让儒生们照办。

但儒生们既不知晓当初黄帝封禅的礼仪过程，又受《诗》、《书》经文的束缚，所以拿不出具体方案。皇上把封禅用的祭器拿给儒生们看，儒生中有人就说这些祭器跟古代的不同。徐偃也说："太常祠官们行礼不如古代鲁国的好。"周霸只好再次召集群儒商议，但儒生们众说纷纭，甚至相互贬斥，意见根本得不到统一。皇上料想这样下去终归不会有结果，就下令驱散了聚会。

三月，皇上到缑（gōu）氏县后登上中岳太室山进行祭祀，留在山下的官员恍恍惚惚地听到了山上喊"万岁"的声音，但山上的人下山后却说没有人喊。皇上认为这件事十分奇妙，一定是神仙在呼应，于是就给太室山封了三百户人家，把此山命名为崇高邑，让他们永久守护此山，祭祀神灵。此后，皇上登上泰山，在泰山顶立了石碑。接着又东到海上祭祀了八神。

公孙卿经常手持符节在各山等候神仙，到东莱时，他说夜间在这里看见了一个人，这人身高数丈，当他上前觐见时那人却不见了。据说这里当时还留下了像禽兽形状的巨大脚印。

又有人说自己在这里看见了一位牵着狗的老人，这位老人说："我想见天子。"但一眨眼功夫那老人就不见了。皇上于是继续留住海上，赏给方士驿车，秘密派出数以千计的使者去寻找仙人。

四月，皇上返回奉高（今山东泰安东），因为黄帝封禅的礼仪古书上确实没有记载，儒生和方士们的意见又不能统一，因此封禅仪式还是无法举行。皇上只好先去梁父山祭祀了地神。

乙卯日，天子让随从的儒官头戴白鹿皮帽，身穿插笏官服，按照古书记载的天子射牛仪式进行封禅大典。皇上下令在泰山下的东方筑坛封祭，按祭祀泰一神的礼仪行礼。坛宽一丈二，高九尺，坛下放有封祀的文书，文书的内容无人知晓。此后，天子又带着侍中奉车都尉霍子侯登上泰山封祭，祭祀的方式和内容都很神秘，无人知晓。丙辰日，皇上又在泰山东北方向不远的肃然山进行了禅祭。

整个封禅活动都由天子亲自主持，祭坛放入了代表五方的五色土，用江淮一带的三棱灵茅作神垫。祭祀时皇上身着黄色礼服，有音乐伴奏。为了增加利益的神秘和隆重气氛，祭祀时还放出了来自远方的飞禽走兽，但放出的动物不包括牛类和大象。封禅大典的当天晚上，天空好像出现了亮光，白天好像有白云在坛中升起。

天子封禅归来，坐在明堂上接受了群臣的祝寿礼仪。他下诏给御史说："我以渺小之身承继了至尊之位，一向谨言慎行，唯恐不能胜任。祭祀泰一神时天上出现了祥瑞之光，我被这奇异的景象所震撼，心中于是升起了希望。我因此登上泰山祭天，在梁父山祭祀后又在肃然山祭地。我要努力完善自己，与士大夫们共圆梦想，从头再来。"

诏书说："赐给百姓每百户牛一头，十石酒，八十岁以上的老人和孤儿寡妇再加布帛二匹；搏县、奉高、蛇丘、历城等地不用缴今年的税赋，不用服今年的劳役；凡是我巡行过的地方，不准再对犯罪较轻的人进行惩治，两年前所犯的罪，现在一律不再追究。古时天子每五年出巡一次，并在泰山举行祭祀，诸侯们届时朝拜都有其住所，可以让诸侯在泰山下给自己修建府邸。"

方士们这时又说蓬莱的神山快要找到了，皇上于是非常高兴，就又东行到海上眺望，希望能见到蓬莱神山。由于奉车都尉霍子侯突然病故，皇上这才离去。返回时他们往北到达碣石，又从辽西到达九原县。五月，回到了甘泉宫。这时又有官员建议说，宝鼎出现那年，年号为"元鼎"，今年天子到泰山封禅，年号应改为"元封"。

两年后的春天，公孙卿又称在东莱山见到了仙人，那仙人好像是说了"想见天子"的话。天子于是就去了缑（gōu）氏城，在那里封公孙卿为中大夫后，随即和公孙卿到了东莱。皇上在那里留宿了几天，虽然没有见到仙人，但却看见了巨人留下的脚印，于是就派出

数以千计的方士去寻找神仙。

攻灭南越之后，越人勇之向皇上说："越人有祭鬼的习俗，而且在祭祀时能见到鬼。从前东瓯（ōu）王敬鬼，他就活了一百六十岁；他的后世子孙怠慢了鬼，所以东瓯国就衰败了。"天子于是命越地巫师建立越祠，用鸡卜的方法祭祀天神、上帝和百鬼。越祠和鸡卜的方法从此开始流行。

公孙卿说："仙人是可以见到的，只是皇上来去匆忙没有见到。陛下可修建一座台阁，并摆上干肉、枣果之类的祭品，仙人就有可能光顾。"皇上于是下令在长安建造蜚廉观和桂观，在甘泉宫建造益延寿观，然后献上祭品，让公孙卿等人手持符节等侯仙人。为了增加招来神仙的机会，此后又下令建造通天台。

这年夏天，宫殿内长了出了灵芝仙草，黄河决口得到了治理，通天台也建成了，天上还出现了祥光。皇上于是下令大赦天下，免除了不戴刑具的女犯人的劳役。

第二年朝廷征讨了朝鲜，当年夏天大旱。公孙卿说："黄帝时封坛祭天，天就干旱，连旱了三年，上天的用意是让封土干燥。"皇上于是下诏说："天干旱，用意可能在于干燥封土，百姓们可祭祀灵星（主农事的星）。"一年后，皇上到雍县郊祭，通过回中道一路巡行，春天到达鸣泽，最后从西河回京。

次年冬天，皇上巡行南郡，到江陵后东行，在潜县登上天柱山祭祀，尊此山为南岳。然后顺江而下，从寻阳出发到枞阳，经过了彭蠡，一路上不断对名山大川进行祭祀。最后北行到达琅笽（min），再沿海而上，四月中旬到达奉高封禅祭祀。

当初天子到泰山封禅，看见泰山脚下的东北处地势十分狭险，古时曾建有明堂。皇上到奉高时也想建一座明堂，但不知道明堂的式样和大小，济南人公玉带于是就献上了黄帝时的明堂图样。图样中的殿堂四周没有外墙，顶部用茅草封盖，下面有水相通，环绕宫墙修有天桥，最高处有走楼。殿堂可从西南面进入，此路命名为昆仑道，天子可从这里进入拜祭上帝。

皇上于是下令以公玉带的图样为蓝本,在奉高县的汶上修建明堂。五年后封禅时,在明堂的上座祭祀泰一神和五帝,把高皇帝的灵位设在明堂的对面;在明堂的下房按太牢规格祭祀土地神,用二十头牛作祭品。天子从昆仑道进去,按郊祭的礼仪在明堂拜祭,祭礼完后,在堂上焚烧了祭品。

皇上接着又登上泰山,在山顶举行了神秘的祭祀仪式,然后在泰山下祭祀了五帝。祭祀五帝时按五帝所属的方位排定坐次,黄帝和赤帝并排设位。皇上亲自朝拜,主管官员陪祭,仪式开始前山上举火为号,山下点火呼应。

两年后的十一月甲子日,当日是朔日,早晨交冬至,历法官就以此作为基点推演修正历法。此时,皇上登上泰山,并在明堂祭祀上帝,祭祀时没有进行封禅。祭祀官员在进献祭品时说:"上天加授皇帝泰元神策,周而复始。皇帝恭敬地祭拜泰一神。"

此后皇上东行到海上,了解了那些入海求仙的方士们的情况,当发现他们所说的话都没有应验时,就又给他们增派了人员,希望以此能遇到神仙。十一月乙酉日,柏梁台发生了火灾。

十二月甲午朔日,皇上又亲临高里山祭祀了后土神。此后又来到渤海望祭了蓬莱仙山。此时,皇上十分希望能到达仙人们居住的、和人间不同的厅堂。

因柏梁台遭遇了大火,皇上回到京城后就在甘泉宫办公议事。公孙卿说:"黄帝时期建成了青灵台,但十二天后就被大火烧毁,黄帝就又建了明庭代替。所谓明庭就是甘泉宫。"方士们又附和说:"古代帝王多在甘泉建都。"皇上听了他们的话后就在甘泉宫召见诸侯,并允许诸侯在甘泉山建造官邸。

勇之又说:"越地人有这样的习俗,宫殿遭灾被毁后就去再建更宏伟的宫殿,以此镇服灾祸。"皇上于是下令营造建章宫。建章宫是一组比未央宫规模还要大的建筑群,号称"千门万户"。其东面是凤阙,高二十余丈;西面是堂庭,周围有数十里的虎圈;北面建有太液池,池中有高二十余丈的高台,有蓬莱、方丈、瀛州、壶梁四座仙山,及大量的海中动物的石雕装饰;南面建有玉堂、璧门等,石雕装饰十分华丽。建章宫建筑群中的神明台、井干楼都高达五十多丈,楼台之间有相互衔接的空中阁道。

这年(前 104 年)夏季更改了历法(太初历),开始把正月作为年首,根据历法起始日的阴阳属性,把礼服颜色改为黄色。规定各级官吏的印章统一为五个字,把这年称作太初元年。这年武帝下令向西讨伐了大宛;全国发生了严重的蝗灾。朝廷出兵讨伐大宛时,丁夫人和洛阳人虞初等用方术诅咒匈奴、大宛。

第二年,主管祭祀的官员说:雍县五畤郊祭时因没有熟牲祭品,所以祭品缺少香味。天子便命令祠官用熟牛犊作祭品,所用牲牢的颜色按五行相生的原理确定。同时还规定祭祀用的马驹用木偶马代替,只有祭祀五帝时才能用马驹。祭祀其他名山大川时确实需用马驹的,一律用木偶马代替,但天子出巡经过之处可用马驹祭祀。其他礼仪不变。

次年,天子东巡到了大海,再次过问了求神访仙的情况,但方士们都没有能够见到神仙。有的方士便说:"黄帝时建有五城十二楼,以便于方士们在接受任务后迎候神仙,这些城楼就叫迎年祠。"皇上听后就许诺给他们建造楼台,把所建造的楼台命名为"明年祠"。皇上在这里亲自去祭祀上帝,穿黄色的礼服。

公玉带说:"黄帝当初在泰山筑坛祭天,但风后、封钜、岐伯等人还要让黄帝到东泰山筑坛祭天,到凡山祭祀土地,与诸侯合符,黄帝因此长生不老。"天子于是让祭祀官准备祭器,起程到东泰山祭祀。但东泰山地方太小,与天子亲祭的场面不匹配,天子这才下令让祠官们去祭祀,而未举行封禅。此后天子就让公玉带在那里等候神灵。

夏天,天子东回到了泰山,像往常一样在这里举行了五年一次的封禅大典,又在石闾祭祀了地神。

石闾在泰山的南面,方士们都说此处是仙人的住地,所以皇上就亲自到这里祭祀后土。

　　五年后，天子又到泰山封禅，回来时路过常山，于是又在常山进行了祭祀。

　　天子对自己所建的泰一祠、后土祠每三年都要亲自郊祭一次，对自己所创建的封禅制度，每五年都要依例举行一次。薄忌泰一及三一、冥羊、马行、赤星等五座神祠由宽舒率领祠官每年按时致祭；五神祠和后土祠等总共六座，都由太祝负责祭祀。至于八神中的各位神仙，以及明年、凡山等其他著名神祠的祭祀，都由天子出巡经过时进行祭祀，天子离开后就不再过问了。

　　方士们所兴建的神祠由他们自己主持祭祀，本人死后也就断绝了香火，祠官也不再过问。其他神祠依照旧制惯例祭祀。

　　皇上所封之地遍及五岳、四渎，方士们迎候神仙，入海寻求仙的事都曾风靡全国，但十二年来始终未能见到神仙。公孙卿的"巨人足迹"一事也一直没有结果，天子于是就对神仙之事慢慢懈怠了，并开始厌恶方士们的言谈。但天子总是心存侥幸，总希望遇到神仙，因此还是不断地笼络方士。

　　太史公说："我跟随皇上巡行，参加了天地众神及名山大川的祭祀，目睹了封禅大典，并在寿宫侍奉过皇上，听过祭神祝词，这些都为我做这篇文章提供了一手资料。我对方士和祠官们的言谈进行整理，并逐次记述，目的是让后世人们了解当时的实情。至于俎豆、珪币的详细规定，以及献祭酬神的具体礼节，有关官员已经保存在档案内了，这里不再记述。"